幼兒園大班教學活動課程設計：
配合新課綱設計的 120 個活動

吳淑美　著

作者簡介

吳淑美

美國密蘇里大學（University of Missouri-Columbia）特殊教育博士
美國密蘇里大學（University of Missouri-Columbia）兒童發展與家庭發展碩士
美國密蘇里大學（University of Missouri-Columbia）統計碩士
政治大學心理學系學士

1987 年 8 月至新竹教育大學（現改為清華大學）初等教育學系任教（擔任副教授），並兼任特殊教育中心主任

1989 年開始實施學前融合教育實驗，向當時的教育廳申請學前語障及聽障融合計畫

1993 年創立特殊教育學系，擔任特殊教育學系教授兼第一任特殊教育學系系主任

1994 年創立新竹教育大學附小（現改為清華大學附小）融合班，向教育部申請設立特教實驗班，擔任特教實驗班計畫主持人三年，之後繼續指導融合班

2000 年創立新竹市育賢初中融合班

2000 年成立財團法人福榮融合教育推廣基金會，擔任董事長至今

2004 年興建完成融合教育校區

2004 年基金會創立體制外國中融合班

2015 年擔任非學校型態國中團體實驗計畫主持人

2016 至 2018 年連續三年擔任香港教育大學幼教系學前融合學分班（Certificate in Professional Development Programme Catering for Diverse Needs of Young Children）外審（External Examiner）

2000 至 2019 年拍攝四部融合教育記錄片（同班同學、聽天使在唱歌、晨晨跨海上學去、不可能啦啦隊）並擔任導演

從 1989 年無心插柳設了學前融合班到 2016 年，我和融合班的孩子相處了 27 年，這個機緣不但成為我人生中一個重大的轉捩點，更讓我有機會接觸融合教育的實務，得以撰寫融合教育的著作。

序

　　本套書（分成小班、中班、大班三冊）提供的活動主要是在安排充實性的活動課程，能給幼兒充分發展其潛能的機會，也讓教師能更詳細地了解幼兒的能力，以便找出其長處及短處。活動課程一共分為八個領域：認知、科學、數學、語文、精細動作、社會及情緒、大動作、音樂，共計有 360 個活動，分為小班、中班、大班三個年段，每個年段都有 120 個活動，每一個活動都會進行評量。本書所提及的教學活動設計不只適用於一般幼兒園，也適用於有特殊幼兒融合的融合情境。這些活動課程都是以團體或小組的方式進行，小組活動時 2 位教師可分別帶領一個小組進行教學，每次進行 30 分鐘，活動的材料（例如：教具及圖書）都可配合實際狀況自行調整，有些活動還包含了相關的圖片及學習單。

　　教學活動的內容乃觀察竹大附小學前融合班的小組教學現場撰寫，並將在期間研發的學習經驗滲透其中。為了驗證此套活動課程能否在一般幼兒園實施，筆者特別選在昆明的培奇全納幼兒園進行為期半年的小組教學實驗，該園教師即根據這套課程的教案準備了豐富的材料，讓幼兒在活動中透過與材料、同伴和教師的互動主動學習，建構學習經驗。教師在活動中多採用提問進行引導，並根據每一個活動環節的目標進行評量。這些改變讓幼兒園的活動多元豐富，讓教師及家長可以透過目標及評量了解幼兒當前的發展水準，進而為下一階段的教學提供依據。

　　依據活動式教學及幼兒學習經驗撰寫的這套書，不但可以讓教師觀察到幼兒在各學習領域的情況，以了解幼兒當前的發展水準，進而為下一階段的教學提供依據，更是落實差異化教育理念的重要手段，是促進幼兒在原有水準上得以向上發展的重要途徑。透過評量，也能讓家長了解孩子在幼兒園的生活及學習情況，為家園同步教育創造了可能性。

　　本書活動課程中所附的圖都是由作者先生吳大剛親手繪製，配合活動的內容增加活動課程的可讀性及專業度，在此感謝。

目次

壹、前言 ……………………………………………… 1

貳、小組教學介紹 ………………………………… 5

參、幼兒學習經驗 ………………………………… 11

肆、領域學習活動課程 …………………………… 19

一、認知領域活動（30 個）／ 21

物品形狀／ 22　　　　　植物構造／ 67

環境污染／ 24　　　　　小花匠／ 69

裝水／ 26　　　　　　　哪一個有種子／ 70

動物的朋友／ 28　　　　植物的種子／ 72

動物園／ 31　　　　　　哪裡可以吃／ 74

雪／ 35　　　　　　　　可以吃的植物／ 76

量高矮／ 37　　　　　　認識水中生物／ 78

玩沙包／ 41　　　　　　動物吃的東西／ 80

圖案序列／ 43　　　　　樹葉變變變／ 82

下一個／ 46　　　　　　校園採集／ 83

一、二、三／ 50　　　　認識蔬菜／ 84

奇特用途／ 54　　　　　品味蔬菜／ 85

外星人的故事／ 57　　　漂亮臉譜／ 86

E.T.回來了／ 60　　　　神秘袋（一）／ 87

玩具櫥窗／ 64　　　　　神秘袋（二）／ 88

二、科學領域活動（20 個）／ 91

跳動／ 92

神祕的洞／ 95

蟲蟲看天下／ 97

石頭、水、空氣／ 98

土壤冒險家／ 102

縮小之物／ 104

放大鏡／ 106

放大鏡、縮小鏡／ 107

浮起來了／ 108

誰先沉下去／ 109

浮與沉（一）／ 110

浮與沉（二）／ 111

沉船／ 112

水位上升了／ 114

雨滴／ 115

烤蛋糕／ 117

輪胎為什麼是圓的／ 119

電的遊戲／ 120

醋的妙用／ 121

發酵的小實驗／ 122

三、數學領域活動（19 個）／ 123

生日／ 124

量量看／ 127

量一量有幾杯／ 129

各式各樣椅子／ 130

次序／ 132

奇數與偶數（一）／ 134

奇數與偶數（二）／ 135

加加減減／ 137

走路比賽／ 139

石頭神仙／ 141

比大小／ 143

數字列車／ 144

對號入座／ 146

Asco 算盤組／ 147

兩個一數／ 149

一樣多／ 150

賽跑／ 152

奇數與偶數（三）／ 154

奇數與偶數（四）／ 156

四、語文（含閱讀）領域活動（19 個）／ 159

動作模仿／ 161

他在做什麼動作／ 162

神奇的魔術師／ 164

聲音遊戲／ 166

耳聰目明／ 167

面談／ 168

尋寶遊戲／ 169

詩的遊戲／ 172

編故事／ 175

名字拼音遊戲／ 177

我的名字／179　　　　　兒歌謎語／193
賓果遊戲／181　　　　　與「蛙」共舞／197
讓我們去逛街／185　　　故事內容排一排／198
飛得更高／188　　　　　毛毛蟲的故事／199
如果／191

五、精細動作（含美感）領域活動（20 個）／ 201

相框／202　　　　　　　以正方形作圖／224
警察藝術家／203　　　　滾球畫／226
隱藏起來的形狀／205　　玩彈珠／228
輪廓畫／208　　　　　　吹畫／229
對稱畫／210　　　　　　泡泡畫／230
糖果屋／211　　　　　　我的家／231
完成圖案（一）／212　　幫忙找回家的路／232
完成圖案（二）／215　　風箏／234
畫臉／218　　　　　　　我的名片／235
神祕的碗／222　　　　　紙影戲製作／236

六、社會及情緒領域活動（1 個）／ 237

辦 PARTY ／238

七、大動作領域活動（1 個）／ 241

神奇的布／242

八、音樂領域活動（10 個）／ 245

心情音樂／246　　　　　音符遊戲／256
上或下／248　　　　　　讓我們來做一首曲子吧／259
我會打拍子／250　　　　鼓樂／261
躲迷藏／253　　　　　　美好的音樂／263
你唱什麼／254　　　　　歌劇／265

伍、幼兒活動評量與教學計畫（大班） ……267

認知領域／268

科學領域／280

數學領域／289

語文領域／299

精細動作領域／307

社會及情緒領域／316

大動作領域／317

音樂領域／318

陸、期末評量報告（大班） ……………………325

附錄 ……………………………………………333

附錄一　培奇全納幼兒園小組課程實施調查問卷／333

附錄二　培奇全納幼兒園小組活動評量表／336

附錄三　培奇全納幼兒園小組活動（領域學習）目標及
　　　　評量之目標通過率／338

❀ 壹、前言 ❀

　　本書（大班）提供的活動課程分為八個領域：認知、科學、數學、語文、精細動作、社會及情緒、大動作、音樂，共計有 120 個活動，每個活動都會進行評量，以活動的方式來評量幼兒的能力，來了解幼兒的學習狀況。每一個領域都強調四項必備的技巧，每一個活動亦是為了達到這四項必備的技巧而設計，並根據每一個技巧設計了一些學習目標。在每一個活動中，都列有學習經驗、材料、教學內容、學習目標、評量結果（分成四個等級）、針對特殊幼兒所做的調整，以及延伸活動。比較特別的是將教學內容及學習目標並排，從教學內容即可找到相對應的學習目標，以評量幼兒是否達到目標，並可讓教師了解幼兒的學習情形。

　　本書包含了幾個特色，說明如下。

一、根據「幼兒園教保活動課程大綱」來規劃活動設計

　　「幼兒園教保活動課程大綱」（以下簡稱「幼教新課綱」）於 2016 年公布，並全面推動，內容包括：「身體動作與健康」、「認知」、「語文」、「社會」、「情緒」，以及「美感」等六大領域。本書除了涵蓋「幼教新課綱」中的認知、語文、社會及情緒外，還包含了科學及數學領域，領域有部分相似，亦有部分差異。本書的領域內容與「幼教新課綱」的對照表如下。

「幼教新課綱」	身體動作與健康 （身體操控、用具操作）		認知			語文	社會	情緒	美感
本書	大動作	音樂	認知	數學	科學	語文	社會及情緒		精細動作

二、強調融合情境中的教學調整

　　因應融合教育的實施與現場教師的需求，本書所設計的每一個教學活動，

都列有「針對特殊幼兒所做的調整」一項，而提出適合不同特殊需求幼兒的學習目標或具體可行的教學調整建議，例如：若班上有聽障幼兒，教師可配合圖卡、動作和口型來說明動物的聲音或動作；若班上有認知發展遲緩幼兒，教師可以請同儕示範動作或聲音，讓其模仿學習。現場教師可以參考這些建議進行課程調整。

三、強調跨領域的學習目標

本書中的每一個教學活動，都列出了幼兒的學習目標、評量結果、學習目標數目及通過項目（指評量較好或很好），教師可以根據評量結果，評估幼兒的能力表現；這樣的記錄有助於親師溝通和討論，並可隨時了解幼兒的學習能力，也可以檢討所使用的教學策略。

每一個教學活動也都可以涵蓋其他領域的目標，以中班的「陸上交通」為例，此活動屬於「認知領域活動」，學習目標包括：（1）能聆聽老師說故事；（2）能至少說出三種交通工具的名稱及在哪兒看到；（3）能說出書上未提及的車輛名稱及在哪兒看到；（4）能說出陸上交通標誌及其形狀；（5）能畫出紅綠燈；（6）能依玩具特性操作玩具：上發條或將車推動等六項目標，此活動雖是屬於認知的活動，但該活動也融入許多社會、大動作和語文的目標。

四、將評量與教學結合

每進行一個活動，教師就可針對幼兒的學習情形填寫評量紀錄表，綜合幼兒整學期各領域活動的學習目標通過情形，計算出各領域活動的學習目標通過率，據以判定幼兒在八個領域中的哪一個領域表現較佳或較差，為幼兒設計一份活動教學方案，再根據八個領域的學習情形撰寫一份完整的期末報告，送給父母做參考。

五、可透過主題、親子活動及下一個活動以延伸活動

各領域的活動都可結合相關的主題進行，讓活動更加生活化及連貫性，例如：科學領域活動中的「神祕的洞」可結合主題「洞」；認知領域活動中

的「陸上交通」可結合主題「交通工具」，教師可帶幼兒到馬路上觀看交通狀況，或是讓幼兒親身搭乘各種交通工具，又或是透過影片和幼兒分享搭車的經驗，引導幼兒關心行的安全。當主題和領域活動結合時，幼兒就很容易會有共鳴。

　　學校在進行這個教學活動時，家長可以配合在家進行「親子活動」，例如：若家中有交通工具的玩具，家長可以讓孩子帶它們（如玩具車）到學校分享，或者在接送孩子或帶孩子外出時特別留意交通狀況，若遇到交通事故或違規等事件時，更可以隨機帶入交通安全的觀念。

　　當結束這個活動後，教師可以進行類似活動，例如：「空中交通工具」的活動，以做為「陸上交通」的延伸活動，讓孩子認識空中交通工具，並可將飛機等相關玩具放在角落讓幼兒探索。

貳、小組教學介紹

　　小組時間（small group time）可做為每天例行活動（routine time）中的一段時間，大約 30 分鐘。一個班如果有 30 名幼兒和 2 位教師，就可分成兩組各 15 名幼兒，每組選擇一個固定的地點進行較精緻的分組教學，教學內容涵蓋認知、科學、數學、語文、精細動作、社會及情緒、大動作和音樂等領域活動。小組時間是幼兒學習分享、聆聽教師說話的好時機，30 分鐘的時間可進行至少一個活動，該活動應具有下列特質：

1. 以幼兒為主，教學內容適合幼兒，以幼兒的興趣為中心，教師必須遵循幼兒的帶領，提供合適的回饋，以符合其需求。

2. 每位幼兒的學習速度不同，學習風格亦不同，活動安排要適合幼兒的程度並讓幼兒有成功的經驗，如此幼兒才會有信心。當幼兒在活動時能自己完成工作，就能對自我肯定，也能增進自己的能力。

3. 活動必須要：
   (1)不管活動時間長或短，都要有開始、中間及結束三個部分。
   (2)適合幼兒的年齡。
   (3)新奇的、有趣的、幼兒從未玩過的。
   (4)教師可控制的。
   (5)雖然活動安排有順序性，仍要保持一些彈性讓幼兒有成功的經驗，進行小組活動時可加入其他的內容，容許幼兒以自己的方式去探索材料，並跟隨幼兒對活動方向的提示來進行，同時要確定建立安全且合理的行為與動作的限制。
   (6)有教師在旁督導。
   (7)具有功能性，教學的內容是實用的，和幼兒日常生活經驗相關的。
   (8)能產生師生及同儕的互動，教師與幼兒對活動都有反應。
   (9)跨領域及學習經驗，包含不同層次（難度）的教學目標。

4. 活動不需要：

(1)不一定要完成一件作品。

(2)由教師決定如何進行，亦可由幼兒決定如何進行。

(3)包括所有領域的目標，但不需包含兩個領域以上的目標。

5. 活動時，座位必須按下列條件安排：

(1)易於在幼兒需要時提供協助。

(2)幼兒能很容易與其他幼兒以及成人互動。

(3)需要較多指導的幼兒，能安排在便於指導的位置（例如：教師旁）。

(4)教具和所蒐集的教材用具，放在便於使用但不妨礙活動的地方。

(5)教師必須和幼兒一起坐下來，與幼兒保持相同的高度。

6. 小組教學過程包含教學—評量兩個步驟，亦即先進行教學，教完再評量。

7. 教學程序合乎邏輯及情境的教學，在活動中使用自然發生事件，自然地教導幼兒概念，例如：在吃點心或午餐時教導洗手、食物的種類及餐具使用技巧，或利用玩水時教導浮起與下沉的概念，如此就可利用點心、午餐或玩水做為誘因，在自然的情境（吃點心）中學習用餐前（洗手）、用餐時及用餐後（收拾）之技巧，以達到情境、行為及反應之連結。以下是一玩水的活動，透過玩水讓幼兒自然地發現水的特性，並在過程中引發幼兒的認知、語言及社會能力，活動內容及空白表格如下：

活動名稱：玩水（沙）

活動說明及進行順序	用具	達到的目標	評量
1. 將塑膠布鋪在地上。 2. 幼兒必須向老師要圍裙、水盆和玩具。 3. 當幼兒要水時，可要求他們解決問題，例如：水盆的蓋子蓋得很緊，幼兒要想辦法打開，或請人幫忙。 4. 將水倒進水盆時，記得一次給一點，這樣幼兒可以要求「還要」。 5. 幼兒可以輪流倒水、用玩具打水、玩小船或擠海綿。 6. 給幼兒表達的機會，讓幼兒說出他們在玩什麼。 7. 遊戲快結束時，要幼兒把各種玩具還給老師。 8. 請幼兒幫忙把水倒掉，問幼兒要用什麼東西來擦乾手？（毛巾） 9. 將毛巾拿給幼兒，問他們還有什麼東西要擦乾的？（玩具、桌子） 10. 最後，幼兒幫忙把塑膠布摺疊起來，將玩具收好。	・塑膠布 ・水 ・水盆 ・圍裙 ・會浮的玩具 ・湯匙 ・海綿 ・杯子 ・毛巾	1. 會要求圍裙、水盆及玩具 2. 會打開蓋子 3. 會說「還要」 4. 會輪流倒水 　會用玩具打水 　會說出玩的內容 5. 會還玩具 6. 會用毛巾 7. 會擦手 8. 會收拾玩具	

變化

・可用紅豆、綠豆或沙來代替水。

・可在水中加一些顏色。

・可在水中滴一些洗碗精，再用手攪拌，可製造泡泡（吹泡泡）。

・可在水中丟不同形狀的保麗龍板，問幼兒保麗龍板會不會浮在水面上？

認知概念

・水。　・擠。　・硬。

・乾。　・開。　・熱。

・濕。　・拌。　・冷。

・倒。　・軟。

社會

・輪流。

・收拾。

動作

・倒水。

・打開。

語言

・說出「還要」。

・玩水。

小組教學的基本原則如下：

1. 提供主動式學習以及材料給每位幼兒，因每位幼兒的興趣和能力都很不一樣，可多準備一些材料並多讓幼兒操作，除非需要協助，否則儘量讓幼兒自行操作，以達到主動學習的目的。

2. 坊間購買的教材不見得適合幼兒使用，教師可選擇日常生活中常見的、可操作的及可以多樣化使用的材料，例如：積木可以用來堆疊，也可以用來數數。

3. 隨時可得的材料、家裡現成或不用花錢買的材料，更適合激發幼兒的能力及符合不同能力幼兒的需要，例如：各種大小不同的瓶子及瓶蓋，可以讓幼兒學習大小的概念。

4. 當特殊幼兒和普通幼兒在同一組時，設計課程時應先找出他們的共同點，例如：都喜歡聽故事，就可設計說故事課程。教師可依幼兒能力調整教學步驟及課程難度，針對不同程度的幼兒可準備不同難度的教具，例如：準備不同片數的拼圖。當特殊幼兒無法完成某些目標時，可透過合作的方式由普通幼兒協助完成，或給予特殊幼兒較簡單的目標，例如：分類遊戲時由普通幼兒訂出分類的標準，特殊幼兒只需將同樣顏色的東西放一起就可以。教師也要為那些不想參與小組時間的幼兒提供一個變通活動或適合的學習目標。

5. 小組教學每天都要有開始、中間及結束三個部分：

　(1)開始前：教師先準備好材料，並評估每個幼兒的能力以及他們對材料的可能反應。考量有些材料或教具可能不適合某些幼兒，例如：幼兒不會使用剪刀時，應準備其他工具。

　(2)開始：教師介紹教具、材料及完成的成品，在介紹時儘量簡短，每次不一定要使用新材料或新教具，可讓幼兒學習使用各種材料，不論是新的還是舊的材料。

(3)中間：中間部分是課程最主要的部分，也是時間最長的部分，教師可以記錄幼兒的反應及其與材料互動的行為，觀察幼兒用材料做什麼，記錄的範圍可以很廣泛。

(4)結束：活動結束前通常要讓幼兒分享活動內容或完成的內容。學習目標的難易不同，成品的質與量也可以不同，不要期待所有的幼兒都能在同一時間內完成工作，可期待的是幼兒在小組時間裡實驗、探索、創造及解決問題的過程，它遠比成果來得重要。

(5)延伸活動：可列出由小組活動延伸出來的許多想法，或是活動相關的點子法，其中有些是原來活動的延續。教師可以計畫一系列的小組課程，以延續課程內容或改變材料（例如：讓幼兒在不同的材質上繪畫，或是將成品放在教室角落讓幼兒繼續探索學習），以及利用非小組時間法（例如：在大團體時間演戲，以延續語言課程內容）。

6. 小組課程要有延續性，可將上過的教材放在角落讓幼兒繼續操作，活動內容可以重複法，例如：可上好幾次奇偶數的課程法，並視需要傳遞較深入的內容，讓幼兒學習得更完整。

7. 小組評量除了記錄幼兒達成的目標外，也可以記錄幼兒的反應，例如：幼兒的答案。

8. 教師的角色除了安排上課內容外，還要支持及引導幼兒在小組時間的探索、實驗、遊戲。支持指的是，教師透過問題與幼兒交談，或傾聽幼兒的談話，或鼓勵幼兒回應，尤其要給幼兒回答問題及思考的機會，並延伸幼兒的想法及語言，由他們主導。

9. 協助幼兒在活動與活動之間做銜接，例如：先到角落閱讀。

10. 小組活動計畫表的內容可包含下列項目：

(1)活動名稱。

(2)學習經驗：可從十三大學習經驗中選取，最重要的是「主動學習」的經驗。

(3)材料。

⑷表格示例：

教學內容	學習目標	評量結果			
		不會 1	尚可 2	較好 3	很好 4

⑸評量結果：4 代表達成該項目標 75%以上，3 代表達成該項目標 50%～75%，2 代表達成該項目標 25%～50%，1 代表未達成該項目標 25%。

⑹學習目標：共＿＿項，通過項目（指評量較好或很好）共＿＿項。

⑺針對特殊幼兒所做的調整。

⑻延伸活動。

❀ 參、幼兒學習經驗 ❀

　　「幼兒學習經驗」乃參考筆者於 1998 年之「學習經驗檢核表」而訂定，「學習經驗檢核表」中共列有十三類學習經驗，詳細說明如下。

一、數

1. 比較數字及數量之多少（例如：比較兩堆餅乾哪一堆較多）。
2. 一對一對應（一樣的東西，一個對一個）。
3. 認識並寫出數字。
4. 在談話、畫畫及寫字時，了解數字代表的意義。
5. 辨別、說出形狀。
6. 分辨／做出組型。
7. 會配對及數數（含各種形式的配對，例如：數量與數量、數字與數量、數字與數字）。
8. 會計算（例如：加、減、乘、除）。
9. 會使用測量工具（例如：尺、量杯、體重計）。
10. 會辨認及使用錢幣。
11. 比較大小。
12. 數東西（在一堆物品中數到 n 為止）。
13. 有保留的概念（不因瓶子形狀而改變量的多少）。
14. 排數字及集合大小順序。
15. 估計數量多少。
16. 會買賣物品。

二、分類

1. 能探索及標明每樣事物的特性及名稱（例如：命名物品）。
2. 能辨別及描述物品相同及相異之處。

3. 用各種不同方法操作及描述事物。

4. 描述每件事物的特徵，並知道其所屬的類別。

5. 可同時用兩種標準來描述及分類（例如：找出一張是紅色又是木頭製的椅子）。

6. 分類時可以用不同的標準（例如：可以用顏色，也可以用形狀）。

7. 使用同一種標準來比較事物（例如：比較大小、輕重、粗細、軟硬之異同）。

8. 依照同一種標準將物品分類（例如：大的一堆、小的一堆，或是依長短、軟硬分類）。

9. 把物品按照某種順序排列（例如：長短），並了解之間的關係或規律（例如：把一系列圖片依數量遞減，四片葉子－三片葉子－兩片葉子－一片葉子排列）。

三、時間

1. 計畫及完成一項活動。

2. 描述及了解過去發生的事件。

3. 用語言表達對未來的期望，並事先做準備。

4. 在指示下開始及停止一件事物或動作。

5. 注意、描述及了解事物間的先後次序。

6. 使用時間來描述過去及未來的事物。

7. 比較時間之長短。

8. 觀察時鐘及日曆可用來表示時間，並用時間做記錄。

9. 觀察季節的變換。

10. 會使用時鐘。

11. 會看日曆、月曆。

12. 能依照功課表或作息表作息。

四、空間

1. 把物品組合在一起或分開（例如：樂高積木）。
2. 把一些物品重新組合（例如：摺、轉、拉、堆、綁），並觀察組合後在空間中所呈現之不同現象（例如：不同的形狀、不同的平面），像是摺紙後形狀的改變。
3. 從不同空間（例如：室內、戶外）的角度觀察事物。
4. 經驗及描述物品之間的位置（例如：中間、旁邊、上下、左右）。
5. 經驗及描述人、事、物動作的方向（例如：進入、出去）。
6. 經驗及描述事物間之位置及距離（例如：遠、近、在一起）。
7. 經驗及了解自己的身體（例如：身體部位的位置及不同部位的功用）。
8. 認識周圍環境（例如：教室、學校、鄰居）中各種事物的位置及關係。
9. 描述圖畫及相片中的空間關係。
10. 認識物體的各個部分及從部分認出全部。
11. 認識及表現物體在空間中排列的次序。
12. 經驗及了解對稱之意義。

五、主動學習

1. 充分使用學校的設備（例如：圖書館、操場、戶外空間）。
2. 能經由感官主動探索，認識各種物品及材料的功能及特性，並正確操作，包括：玩具及教具。
3. 藉由操作了解物體之間的關係，幫助幼兒發現關係（例如：把水放入冰箱，發現結冰，退冰融化成水，發現水會變冰、冰會變水）。
4. 預測可能發生之問題（包括：情緒問題），並解決問題。
5. 操作、轉換及組合材料（例如：操作及組合積木）。
6. 能選擇材料及活動，並表現出學習的興趣及需求。
7. 使用教室的器材設備，以增進其學習（例如：玩具、錄音筆、電腦、

DVD 播放機、遊樂器材、音響）。

8. 充分使用小肌肉（例如：剪、貼）。

9. 在教室及戶外場間自由的活動，充分使用大肌肉（例如：跑、跳、
走、爬樓梯、溜滑梯）。

六、聽及理解

1. 傾聽。

2. 理解並遵守指令。

3. 喜歡聽故事。

4. 能理解看到的圖（經由各種方式及情境）。

5. 能理解字詞（從熟悉的情境→各種不同的情境→書上）。

6. 能理解聽到、看到的句子（從日常生活及書上）。

7. 理解故事中的細節及內容。

8. 能做圖與人、事、物的配對。

9. 能照順序排圖片（包括：各種相片、卡片、圖片及廣告單）。

10. 能分辨現實與幻想。

七、說

1. 和他人談及或分享自己的經驗。

2. 描述人、事、物間的關係。

3. 表達自己的需求、喜好、感覺。

4. 讓他人把自己的想法寫下來並讀出來。

5. 讓語言成為有趣的活動（經由唱兒歌、故事、童詩等）。

6. 模仿及描述周圍之聲音。

7. 問問題。

8. 講故事（按順序）。

9. 回答問題。

10. 會表示繼續或希望再多一點（例如：製造一些聲音或動作，來表示還
要吃或還要玩）。

11. 會選擇並說出自己選擇的人、事、物。

12. 會要求（例如：會要求物品、食物、活動、協助）。

13. 會召喚他人（例如：會以手勢或言語召喚他人）。

14. 會拒絕（例如：會表示要停止某些事，或不要某些事開始）。

15. 會向別人打招呼。

16. 會使用電話。

17. 適當的與他人溝通（例如：輪流保持注意力並切合主題）。

18. 會提供個人的身分資料（例如：姓名、地址、電話號碼）。

八、閱讀

1. 重複大人讀給他聽的內容（例如：故事）。

2. 認識及讀出字的拼音，並用音來記字（例如：說出同音開頭的字）。

3. 讀出自己寫的故事。

4. 讀出字的連結（例如：名字、常見物品）。

5. 閱讀句子。

6. 對書感興趣。

7. 會認識及讀常見的符號（例如：交通標語、洗手間、文字、布列斯符號）。

8. 能主動閱讀並從閱讀中獲得訊息。

9. 會閱讀及使用媒體資源（例如：報紙、電話簿、字典）。

10. 能讀常用的字及了解其構造。

11. 閱讀常見的、可用的訊息（例如：卡片上、書上、雜誌上、溝通卡上、作息表上、食譜上、工作順序卡上的字）。

12. 自己選書及選擇喜歡的書。

13. 有目的的尋找書中的圖片。

14. 能閱讀簡單的短文及故事。

15. 能把相同的字詞及句子配對。

九、寫

1. 寫出自己的經驗。
2. 從寫故事及文章中，表達自己的想法及感受。
3. 寫便條。
4. 會寫出個人的資料（例如：姓名、地址、電話號碼）。
5. 會寫字、語詞及句子。
6. 以貼字代替寫。
7. 以蓋印代替寫。

十、經驗及表達想法

1. 用語文或其他方式表達出想法。
2. 把圖片上看到的東西聯想到真實之事物。
3. 經由角色扮演及藝術創作表現自己的情感。
4. 討論及分享自己及他人的意象（representation），能把看到、聽到或感覺到的呈現出來。
5. 用繪畫及創作表達自己的想法。
6. 把自己的話記錄下來及讀出來。
7. 把郊遊或旅行的心得，用繪畫、建設模型或寫作表現出來。

十一、照顧自己的需要

1. 能獨立吃及喝。
2. 能抓取，用手指食物。
3. 能使用合適的餐具進食（例如：筷子、湯匙）。
4. 能穿脫衣服。
5. 會選擇合適的衣服穿。
6. 會如廁。
7. 會照顧自己的清潔衛生（例如：刷牙、洗臉、洗手、洗澡）。
8. 會準備食物。

9. 會使用自動販賣機。

10. 會自己上下學及使用大眾運輸工具。

11. 會自己撿起掉落的物品。

十二、社會學習

1. 能主動引發、持續及終止社會互動。

2. 能和不同年齡、背景的人產生互動。

3. 能扮演家庭、社區及學習中的各種角色及事物。

4. 能享受參觀旅行的活動。

5. 能接受他人的協助。

6. 對他人能提供協助。

7. 能與他人分享。

8. 能安全的在社區活動（例如：公園、教室）。

9. 能輪流。

10. 能到餐廳（例如：麥當勞）用餐。

11. 能協助家中或學校的工作。

12. 能參與購物及消費。

13. 參與課外活動。

14. 參與小組活動。

15. 參與靜態與動態團體活動（例如：團體遊戲、運動等）。

16. 會區分與熟悉的人及陌生人的互動方式。

17. 能適當的回應人、事、物。

18. 能獨處，或與人共處時，能保持合宜的社會行為。

19. 能獨自從事動態及靜態的活動（例如：看電視）。

20. 能適應日常作息活動的轉移。

21. 適應休息中不可預期的改變。

22. 會整理或看管好個人物品（例如：玩具、文具用品）。

23. 可以獨自完成遊戲／工作，沒有挫折感。

24. 能和他人一起玩或一起工作。

25. 能和殘障同儕互動及工作。

26. 會對警告或危險的訊號有反應（例如：聽到警報器響時，會逃離）。

27. 會選擇喜歡的物品、卡通節目、人、娛樂項目。

28. 會遵守團體的規則。

十三、科學

1. 照顧動物。

2. 養植物。

3. 觀察氣候變化。

4. 觀察及描述一些變化。

5. 探索自然環境。

6. 蒐集自然界的東西。

7. 問問題及做結論。

❀ 肆、領域學習活動課程 ❀

一、認知領域活動（30 個）

二、科學領域活動（20 個）

三、數學領域活動（19 個）

四、語文（含閱讀）領域活動（19 個）

五、精細動作（含美感）領域活動（20 個）

六、社會及情緒領域活動（1 個）

七、大動作領域活動（1 個）

八、音樂領域活動（10 個）

一、認知領域活動

此部分的活動是為了檢核及增進幼兒認知能力所設計的課程，這些充滿知性及樂趣的活動，能激發幼兒的認知潛能，而藉著這些活動，培養他們蒐集、組織、運用資料的能力。

此部分的每項活動都劃分為四個技巧，每個技巧對認知能力的發展都非常的重要，這樣的劃分有利於教師在活動進行時檢核幼兒的表現。有些幼兒在這些技巧的某些方面，會有很出色的表現，但是從另一方面來說，也有些幼兒會在某些技巧上感到吃力或是缺乏興趣，而需要額外的幫助或鼓勵。

在認知領域開頭的三項活動進行後，教師會很清楚幼兒較強或較弱的技巧是在哪一方面，根據這些結果，可以修改其餘的活動以及日常的生活教學，以提供該幼兒最適合的認知能力訓練。雖然認知活動和其他領域的活動有重複的地方，但是仍應分開來討論，以利發展幼兒的思考，使其認知能力得到充分的發揮。

認知能力四個技巧的劃分方式如下：

1. 問題解決：能夠找出問題解決的方式，從眾多答案中找出最好的一個。
2. 記憶能力：記得資料的能力，發展良好的搜尋系統。
3. 了解事物的關係：能感覺出物體及事物之間的差異及共同性，並且能做比較和分辨。
4. 溝通能力：具有能把一些想法連貫及解釋的能力，而且能用較清晰及有趣的方法來表示。

和認知相關的學習經驗如下：

1. 能理解看到的圖（聽及理解 4）。
2. 能做圖與人、事、物的配對（聽及理解 8）。
3. 能探索及標明每樣事物的特性及名稱（分類 1）。
4. 能辨別及描述物品相同及相異之處（分類 2）。
5. 能描述每件事物的特徵，並知道其所屬的類別（分類 4）。

學習經驗：數、分類、空間、主動學習、說。

材料：十種以上的物品（例如：硬幣、餅乾碎片、拼圖片、積木等）、小盒子或容器、紙杯、壁報紙（上面要描繪上述物品的外觀形狀）。

教學內容	學習目標	評量結果			
		不會1	尚可2	較好3	很好4
1. 告訴幼兒：「昨晚當你們都回家後，老師拿出一張壁報紙，然後在上面畫了一些圖案。」 2. 將壁報紙展開，讓每位幼兒都能看見，並鼓勵他們仔細看那些圖案，再要求每一位幼兒找出這些圖案相同與不同之處。可以問下列幾項問題： ・哪一個圖案是最大的？ ・哪一個圖案是最小的？ ・哪幾個圖案幾乎是一樣大小？ ・這些圖案的線條是由哪些形狀所組成？（圓形、方形、長方形、心形等） 3. 接著問幼兒：「你們認為我是如何在壁報紙上畫出這些圖案呢？」鼓勵幼兒彼此互相討論，可以向他們提示一些可能性，例如：可能隨手畫出來的，也可能看著圖畫畫，或者是根據某些物品外形描繪出來的。最後宣布答案，然後將所使用過的物品拿出來，隨手指出當中的一個圖案，請一位幼兒從物品	1. 能說出圖案的大小。 2. 能說出這些圖案的線條是由哪些形狀所組成。 3. 能從物品中挑出與圖案一樣的物品（即是將某一物品和某一圖形搭配在一起）。 4. 能描繪出物品的外形。 5. 能說出日常生活中有哪些物品也有與該圖案相同或類似的圖形。 6. 能說出是根據哪一樣物品畫出指定的圖案來。				

教學內容	學習目標	評量結果			
		不會 1	尚可 2	較好 3	很好 4
中挑出該正確物品，然後描繪出物品外形。可允許幼兒將物品放在原來圖形上，以驗證物品與圖形是否符合，一直到讓幼兒挑出正確的物品為止。 4.當幼兒選出正確的物品與圖形後，再問幼兒：「你怎麼知道就是這項物品呢？」然後，要求幼兒仔細思考日常生活中有哪些其他物品也有與該圖案相同或類似的圖形。 5.待幼兒一一找出正確的物品與所有圖形都配對好後，將所蒐集的物品放回原來的袋子或盒子中，然後再重複指壁報紙上的任一圖形，指定其中一位幼兒回答：「我是用什麼東西來畫出這一個圖形？」要求其他人來確認他的答案，或幫他說出正確的答案，當所有人皆答對後，再繼續配對其他圖形，直到所有圖形皆被指認出來為止。					

註：活動進行到教學內容第 2 項後才能給幼兒看到那些物品。

評量結果：4 代表達成該項目標 75%以上，3 代表達成該項目標 50%～75%，
　　　　　2 代表達成該項目標 25%～50%，1 代表未達成該項目標 25%。

學習目標：共 6 項，通過項目（指評量較好或很好）共＿＿項。

針對特殊幼兒所做的調整：讓特殊幼兒將物品放在和物品對應的圖案上。

延伸活動：將物品按形狀分類，完成形狀分類遊戲。

環境污染

學習經驗：說、經驗及表達想法、科學。

材料：報紙數張。

教學內容	學習目標	評量結果			
		不會 1	尚可 2	較好 3	很好 4
1. 將幼兒聚集在一張桌子前，老師撿起一疊報紙假裝在閱讀，幾秒後說：「我看完了。」然後將看完的報紙隨手丟在地板上。重複丟報紙在地板上的動作數次，說：「你們認為我隨手亂丟報紙是對的嗎？」然後讓幼兒討論為什麼亂丟報紙不是一件好事。 2. 告訴幼兒們亂丟垃圾是一種環境污染的行為，並說明垃圾污染是一個很嚴重的問題，它會使大地看起來又骯髒又醜，並問幼兒：「你們曾在哪裡看過垃圾？」鼓勵幼兒去想想看一些常見垃圾堆積的場所，例如：公園、馬路、海灘等。 3. 再問幼兒：「我們如何處理這些垃圾呢？」幼兒可能提出各種解答，例如：將丟垃圾的人抓去關或多放垃圾桶、隨手你丟我撿，或垃圾回收等答案，教師要盡可能接納所有的答案，即使幼兒的答案不切實際。	1. 能想到或認識其他的污染情形。 2. 能想出解決垃圾污染的方法。 3. 能和其他幼兒討論隨地亂丟垃圾是不好的行為。 4. 能舉出其他垃圾種類及其出現的地方。 5. 能說出如何處理垃圾。 6. 能說出其他的環境污染問題。 7. 能說出解決方法。				

教學內容	學習目標	評量結果			
		不會 1	尚可 2	較好 3	很好 4
4. 再告訴幼兒：「除了垃圾，我們的環境還有其他的污染問題。」再請幼兒想想看在我們的周遭是否有其他的環境污染呢？可以提示由汽車、飛機和建築設備所引起的噪音污染，討論由汽車排煙、工廠廢氣、農業設備所引起的毒氣污染，以及由廢油和化工廢料倒入河中所引起的水源污染。可帶幼兒到街上實際觀察環境污染問題（假使做不到，在窗戶邊看馬路也可以）。 5. 當走在街上時，讓幼兒去發現他們所看、所聽、所聞的各式各樣環境污染現象，並提醒他們留意以上所討論的各種污染問題，鼓勵他們尋求各種解決途徑。					

評量結果： 4 代表達成該項目標 75%以上，3 代表達成該項目標 50%～75%，2 代表達成該項目標 25%～50%，1 代表未達成該項目標 25%。

學習目標： 共 7 項，通過項目（指評量較好或很好）共＿＿項。

針對特殊幼兒所做的調整： 能將垃圾丟到垃圾桶。

延伸活動： 教室垃圾分類活動。

學習經驗：數、分類、主動學習、說、科學。

材料：可以裝水和不能裝水的物品（例如：塑膠碗、茶杯、吸管、有洞和沒有洞的花盆、大湯匙、叉子、水壺蓋、瓶蓋、紙袋、信封套、衛生紙捲、海綿、濾網、罐頭、厚紙盒、甕、短襪）、一個大型裝水容器（放置在靠近水槽或洗手檯的地方）、一個小水壺、幾條擦拭用毛巾。

教學內容	學習目標	評量結果			
		不會 1	尚可 2	較好 3	很好 4
1.將各類物品放在桌上，拿起每樣物品要幼兒們描述其形狀、特質。確認每位幼兒都有發言。 2.請幼兒猜猜這些物品是否能裝水？將物品分成兩堆，教幼兒將能裝水的物品放在一堆，不能裝水的放另一堆，要每位幼兒將物品歸類，直到所有的物品都分好為止。 3.要一位幼兒從任一堆中選一個物品，告訴他：「讓我們來看看這個東西是否放在正確的地方？」根據所選的物品，要那位幼兒將物品浸入水中，或將水倒入。讓幼兒們對物品能否裝水達成一種共識，也要讓每位幼兒都有機會試驗一個物品是否能裝水。要求幼兒說明為何有的物品不能裝水？也許它有個洞，或它太薄了，或水會漏出來。協助幼兒發現有些物品在開始滲水前可以留住一	1.能描述至少一個物品形狀。 2.能將物品分成能裝水及不能裝水兩類。 3.能說出某個物品是否能裝水並說明其原因。 4.能記得實驗的結果。				

教學內容	學習目標	評量結果			
		不會 1	尚可 2	較好 3	很好 4
些水持續一會兒；其他物品如海綿或短襪可以吸收水分而留住少許的水。繼續輪流做此活動，直到所有的物品都試過為止。 4.再次將所有的物品放在一起，然後要每位幼兒上前選一個物品，告訴大家這個物品是否能裝水。					

評量結果：4 代表達成該項目標 75%以上，3 代表達成該項目標 50%～75%，
　　　　　　2 代表達成該項目標 25%～50%，1 代表未達成該項目標 25%。

學習目標：共 4 項，通過項目（指評量較好或很好）共＿＿＿項。

針對特殊幼兒所做的調整：能將物品裝水。

延伸活動：安排玩水活動，試驗哪些玩具或物品能裝水。

學習經驗：分類、主動學習、說、經驗及表達想法、社會學習。

材料：2 個塑膠籃子（例如：紅色和藍色）、十二種動物圖片、壁報紙。

教學內容	學習目標	評量結果			
		不會 1	尚可 2	較好 3	很好 4
1.(1)老師說：「我要為各位介紹一些動物朋友。」將十二種動物圖片放到桌面上，然後接著說：「這些動物朋友打算到冰淇淋店去，但他們擠不下一部車，只好分成兩部車去，他們該怎麼辦呢？」此時拿出紅、藍兩個籃子，說：「讓我們假裝紅色籃子是紅色車，藍色籃子是藍色車，我們現在如何將這些動物分到兩部車子呢？」 (2)給幼兒幾分鐘仔細觀察動物，並鼓勵他們做比較，例如：「這些動物的差別在哪裡？他們有沒有在某方面看起來很像的地方呢？」要求幼兒想辦法將這群動物分成兩批。 2. 讓某一幼兒先分類，然後詢問他為何以該種方法區分？盡量對他所提出的理由予以接納和讚賞。讓每一位幼兒輪流將動物們分配到兩輛車上，每做完一位再將它混合重分。鼓勵每一位幼兒以不同的方式來分類，並給予一	1. 能說出動物之間的相似和相異處。 2. 能將動物分成兩類。 3. 能解釋何以某一群動物屬同一類。 4. 能說出十二種動物的名字。				

教學內容	學習目標	評量結果			
		不會 1	尚可 2	較好 3	很好 4
些鼓勵，例如：「喔！這輛車上的動物有四隻腳，喜歡吃草莓冰淇淋，而這輛只有兩隻腳或沒有腳，喜歡吃奶昔！」 3. 接著放一張壁報紙在旁邊，然後將動物放到壁報紙上，問幼兒：「讓我們假裝這些動物已到了冰淇淋店吃冰淇淋，看那隻熊，牠正在搶吃別人的冰淇淋，其他的動物該怎麼辦？」鼓勵幼兒討論這個問題，最後選出某一解決方法，也可以提示下列問題，要幼兒尋求解決方法： (1)馬先生將所有奶昔倒了自己一身和其他動物身上。 (2)豬小妹哭的很傷心，因為她不喜歡自己的那份冰淇淋，她喜歡像爸爸的那一份草莓冰淇淋。 4. 最後，全部動物都吃完了冰淇淋，坐回車上然後回家，再收起動物模型，問幼兒：「你們能回憶所有十二種動物的名字嗎？」給每一位幼兒一次的機會說出動物的名字。					

評量結果：4 代表達成該項目標 75%以上，3 代表達成該項目標 50%～75%，
　　　　　　2 代表達成該項目標 25%～50%，1 代表未達成該項目標 25%。

學習目標：共 4 項，通過項目（指評量較好或很好）共＿＿＿項。

針對特殊幼兒所做的調整：能說出動物名稱。

延伸活動：「動物園」（請見下一個活動）。

動物圖片

學習經驗：分類、說。

材料：十二種動物圖片。

教學內容	學習目標	評量結果			
		不會 1	尚可 2	較好 3	很好 4
1. 將動物圖片剪下來放在一起，告訴幼兒一個故事：「小玉一直希望能在動物園裡工作，在動物園上班的第一天，管理員告訴她，她的工作是照顧這十二種動物（拿出圖片），讓我們看看小玉要照顧哪些動物呢？」請幼兒說出動物的名字。 2. 小玉希望能多了解動物，因此管理員把每一種動物的情形寫在一張紙上，只是管理員忘了把句子寫完，讓我們來幫幫小玉吧！（使用「因此……」的句型） ・鴨子是從鴨蛋孵出來的，潘潘是一隻鴨子，因此……。（潘潘是從鴨蛋孵出來的） ・火雞不喜歡感恩節，中中是一隻火雞，因此……。（中中不喜歡感恩節） ・熱帶魚喜歡溫暖的水，小黑是一隻熱帶魚，因此……。（小黑喜歡溫暖的水） ・兔子喜歡吃紅蘿蔔，小白是一隻兔子，因此……。（小白喜歡吃紅蘿蔔）	1. 能說出圖片中的動物名字。 2. 能使用「因此……」的句型完成句子。 3. 能將動物分類。 4. 能說出某些動物會歸類在一起的原因。 5. 能想出將動物做不同分類的其他方法。 6. 能分享分類的方法。				

教學內容	學習目標	評量結果			
		不會 1	尚可 2	較好 3	很好 4
・大象喜歡喝水，阿呆是一隻大象，因此……。（阿呆喜歡喝水） ・小鳥喜灣吃蟲子，阿鳳是一隻小鳥，因此……。（阿鳳喜歡吃蟲子） ・金魚很會游泳，小桑是一隻金魚，因此……。（小桑喜歡游泳） ・老虎有很大的牙齒，阿大是一隻老虎，因此……。（阿大有很大的牙齒） ・牛的眼睛是橘色的，小方是一隻牛，因此……。（小方的眼睛是橘色的） ・鳥有羽毛，小飛是一隻鳥，因此……。（小飛有羽毛） ・綿羊喜歡捲曲著睡覺，小強是一隻綿羊，因此……。（小強喜歡捲曲著睡覺） 3. 小玉想將所有的動物分成四類，每一類有三種，問幼兒：「如果你是小玉，你會怎麼分？你們幫忙小玉將動物分成四類！」讓幼兒解釋分類的理由。 4. 要求幼兒用其他的方法來分類，分給每一組幼兒動物圖卡，接納各種分法，並請幼兒分享。（分類法如：兩條腿的一類、四隻腳的一類。）					

評量結果：4 代表達成該項目標 75%以上，3 代表達成該項目標 50%～75%，
　　　　　2 代表達成該項目標 25%～50%，1 代表未達成該項目標 25%。

學習目標：共 6 項，通過項目（指評量較好或很好）共＿＿項。

針對特殊幼兒所做的調整：能說出圖片名稱。

延伸活動：參觀動物園。

動物圖片

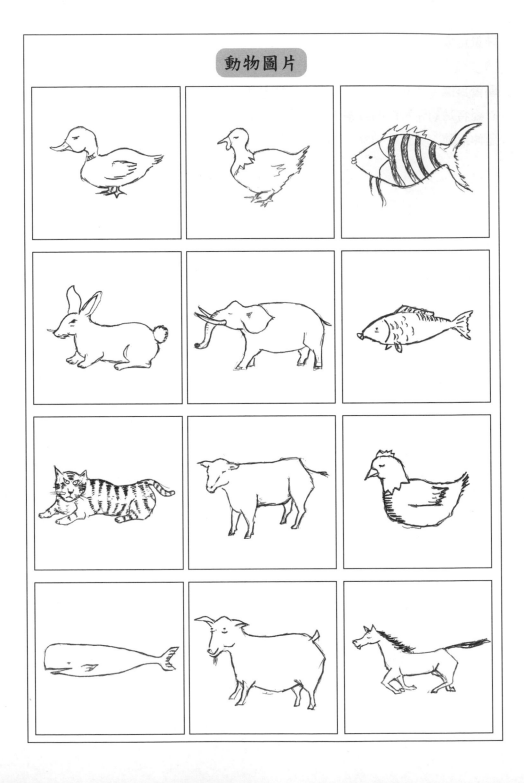

學習經驗：說、經驗及表達想法。

材料：白板與白板筆、一個女布偶、一個男布偶。

教學內容	學習目標	評量結果			
		不會 1	尚可 2	較好 3	很好 4
1. 用兩個布偶演出下列劇情：以前有兩個巨人，男的叫「胖胖」，女的叫「嬌嬌」，他們打算找一個地方住下來，於是種了很多花草樹木，建了河流，並且找來了很多動物。但他們無法決定應居住在怎樣的氣候，嬌嬌非常希望自己住的地方會下雪，但胖胖不喜歡，並且講了很多下雪的缺點。問幼兒：「想一想胖胖跟嬌嬌說了哪些下雪的缺點？」鼓勵幼兒去思考關於下雪的缺點，將幼兒的意見寫在白板上，包括：會很冷、會滑倒在雪地上、會交通堵塞等。 2. 胖胖告訴嬌嬌所有關於下雪的缺點，但嬌嬌還是不相信，反過來告訴胖胖：「下雪的優點才多呢！」請幼兒幫嬌嬌想一想下雪有哪些優點？說不定胖胖會真的喜歡住在有雪的地方。將幼兒的意見寫在白板上，這些建議包括：能做雪人或雪屋、看起來很漂亮、可以拉雪橇等。	1. 能舉出下雪的壞處。 2. 能舉出下雪的好處。 3. 聽到下雪的優點及缺點後，能說出希不希望下雪。 4. 能說出下雪時想做的事情。				

教學內容	學習目標	評量結果			
		不會 1	尚可 2	較好 3	很好 4
3. 接著說：「胖胖和嬌嬌仍然不能決定他們家是否需要雪，他們只知道下雪有它的好處，也有它的壞處，你們認為他們該怎麼決定呢？」將列出的優點及缺點讀一遍，然後問每個幼兒會做什麼決定，並請他們說明理由。 4. 最後告訴幼兒：「胖胖和嬌嬌決定要將雪放在自家門口外面，這樣他們一天就能做 10 樣和雪相關的事，大家要仔細聽，我將把這 10 樣事唸一遍給你們聽，看你們能記得幾樣？」 ⑴將人行道鏟乾淨。 ⑵做一個雪人。 ⑶做一片雪籬笆。 ⑷互相拉著坐雪橇。 ⑸做一個雪人天使。 ⑹互相丟雪球。 ⑺看人在雪地耕作。 ⑻尋找動物足跡。 ⑼滑雪。 ⑽直接滑坐在雪上。 5. 唸兩遍後，讓每位幼兒有機會複述一遍，對那些記憶力好的幼兒加以鼓勵。					

評量結果：4 代表達成該項目標 75%以上，3 代表達成該項目標 50%～75%，
　　　　　　 2 代表達成該項目標 25%～50%，1 代表未達成該項目標 25%。

學習目標：共 4 項，通過項目（指評量較好或很好）共＿＿項。

針對特殊幼兒所做的調整：能說出雪的顏色。

延伸活動：看一些下雪的影片並介紹下雪的國家。

量高矮

學習經驗：數、分類、主動學習、聽及理解、說。

材料：一張桌子、捲尺。

教學內容	學習目標	評量結果			
		不會 1	尚可 2	較好 3	很好 4
1.(1)將幼兒圍成一圈，告訴他們老師要講一個很特別的故事，要他們仔細聽：在黑森林中住著一個非常壞心眼的老巫婆，有一天老巫婆邪惡的說：「我打算抓一些小孩關在我的籠子裡，要他們每天為我辛勤工作，不得休息！」某天老巫婆戴上最醜陋的面具到學校去，她從窗外看見教室裡坐著一些可愛的小朋友，他們正仔細聽老師說故事，老巫婆敲敲門，老師應門打開了。「多麼可愛的小孩，你必須讓我帶走一個小孩，去替我工作。」巫婆說。老師急忙說：「絕不。」「如果你不讓我帶走一個小孩，那我會讓你昏倒，然後把所有小孩全都帶走。」老師無可奈何的說：「如果要給老巫婆一個小孩，那我到底要給她誰呢？」「給我全班最矮的那一個。」老巫婆叫著說。	1. 能討論出量身高的方式有哪些。2. 能在比較後說出誰最矮。3. 能按高矮排隊。4. 能記得故事的情節。5. 能說出高矮的順序，說出誰最高最後被抓走，誰最矮最先被抓走。				

教學內容	學習目標	評量結果			
		不會 1	尚可 2	較好 3	很好 4
(2)此時，要幼兒想出找到全班最矮的一位之各種方法。他們想到的有：兩人背對背比較高矮，或用捲尺量出每個人的身高。最後討論一種方法試試看。 (3)在這項活動中，務必讓每位幼兒皆能參與測量及比較每個人的高矮。在選出最矮的幼兒後，接下來繼續故事情節： 老巫婆拉著這名小孩的手說：「小明是全班最矮的小朋友，那我先把他關起來」。將該名幼兒從團體中帶出來，放在預備的箱子中。第二天，老巫婆又來了，這回她又貪心的說：「我還要一個小孩，再給我一個吧！」老師哀求地說：「不可以！」老巫婆說：「好！那我就把全部小孩都帶走！」老師左右為難之際，老巫婆大叫：「給我最矮的那一個。」重複上一次的測量方法以決定哪一個是最矮的幼兒，等幼兒選出該名孩子後，老巫婆殘酷的大笑：「我要把他帶走了！」					

教學內容	學習目標	評量結果			
		不會 1	尚可 2	較好 3	很好 4
(4)故事在此結束： 　　此時，所有幼兒都一一被抓去關，老師覺得又悲傷又寂寞。有一天晚上，老師決定去老巫婆家救出所有幼兒，她躡手躡腳地走到老巫婆家，趁她睡著時，打開柵欄救出小朋友，「我來帶大家回學校，大家不要出聲。」所有幼兒一一逃出，從此過著快樂的日子。 2. 老師詢問幼兒：「老巫婆如何找出誰是班上最矮的及第二矮的小朋友？讓我們看看能不能從最矮的小朋友排到最高。」讓幼兒試著排排看。 3. 讓幼兒重新圍成一個圓圈，再重複剛才的故事，這次老巫婆要抓的是最高的小朋友，然後是第二高的，直到所有的幼兒都被挑出來。老師問：「哪一個幼兒能記得剛才的故事？」鼓勵每一位幼兒說出一部分故事來。 4. 當幼兒一邊說故事時，逐一挑選出全班最高、次高……，並問下列問題：「哪一個小朋友最後一天才會被抓走？」、「哪一個是倒數第二個最後被抓走的？」繼續問到第一天被抓走為止。					

評量結果：4 代表達成該項目標 75%以上，3 代表達成該項目標 50%～75%，
　　　　　　2 代表達成該項目標 25%～50%，1 代表未達成該項目標 25%。

學習目標：共 5 項，通過項目（指評量較好或很好）共＿＿項。

針對特殊幼兒所做的調整：能排隊。

延伸活動：量身高。

學習經驗： 主動學習、說、經驗及表達想法、社會學習。

材料： 一堆沙包、3 個空盒子。

教學內容	學習目標	評量結果			
		不會 1	尚可 2	較好 3	很好 4
1. 讓幼兒圍成圓圈，並將空盒子與沙包放在圓圈中央，然後說：「這兒有許多沙包與空盒子，或許我們可以拿它們來玩遊戲，但我一時想不出來如何玩，我想你們可以自己想出一個遊戲的方法來。」讓幼兒思考幾分鐘，然後討論可能的遊戲方法。他們可以拿沙包與空盒子試驗自己的想法。 2. 然後點一名幼兒回答：「請告訴大家如何用沙包及空盒子來玩遊戲。」確認所有幼兒都已了解這種新的遊戲方法，並鼓勵大家討論這個遊戲特有的規則和程序，直到每個幼兒都明白為止。 3. 待上述遊戲解釋清楚後，讓幼兒們實際演練。每一個幼兒都必須遵守既定的遊戲規則與程序，假如有偶發問題產生，允許團體成員討論，直到解決方案產生。讓幼兒們試玩遊戲直到結束。 4. 最後將空盒子擺在一旁，再將幼兒們重新聚集成一圈，說：「我們剛才玩那個新遊戲十分有趣對不對？那個遊	1. 能用沙包與空盒子來玩遊戲。 2. 能解釋遊戲的規則及玩法。 3. 能遵守遊戲規則。 4. 能想出不同的遊戲方法。 5. 能比較並說出新的遊戲和之前的遊戲不同的地方。				

教學內容	學習目標	評量結果			
		不會 1	尚可 2	較好 3	很好 4
戲有沒有讓你們想到任何其他的遊戲？」鼓勵幼兒思考至少一種類似的遊戲，要求他們去比較兩種遊戲的異同，例如：「你說讓你想到籃球，那我們的遊戲與籃球之相似處在哪裡？」靜待幼兒回答，再問：「他們與籃球又有何不同？」稱讚那些提出好構想的幼兒。					

評量結果：4 代表達成該項目標 75%以上，3 代表達成該項目標 50%～75%，2 代表達成該項目標 25%～50%，1 代表未達成該項目標 25%。

學習目標：共 5 項，通過項目（指評量較好或很好）共____項。

針對特殊幼兒所做的調整：能說出沙包。

延伸活動：讓幼兒用同樣的材料玩不同的遊戲，或是在原來的遊戲加一些花招，讓幼兒可以用不同的方式來安排玩法，或是用不同的位置來丟沙包。

學習經驗：數、主動學習、說、社會學習。

材料：白板、白板筆、刀叉及湯匙各 12 支、布。

教學內容	學習目標	評量結果			
		不會 1	尚可 2	較好 3	很好 4
1. 老師在白板上畫出下列圖形：★♥■▲●，讓幼兒練習配對。 2. 老師使用兩種圖形配成下列的系列圖形：★●▲▲●▲▲●▲▲。 3. 要求幼兒仔細注視白板第一列的圖形，指出圓形處，並問幼兒在第一列圖形中是否使用了圓形，待每一位幼兒都同意後，再繼續問系列中的其他圖形同一問題，然後擦掉其他圖形，只剩下圓形和三角形留在白板上，此時讓幼兒看著第二個系列，請一名幼兒回答哪一個圖形會在▲之後，或在圓形之後，幼兒若答出正確圖形即給予獎勵。 4. 接下來將各種餐具拿出來，問幼兒：「讓我們來看看你們是否發現下列這些餐具的排列順序，排出下列的系列組合來：匙、刀子、叉子；匙、刀子、叉子；匙、_____、_____。」	1. 能指出更複雜的圖案。 2. 能根據前面的圖形關係找出下一個圖形。 3. 能記得及說出剛剛看到的圖案。 4. 能自創一個圖形序列並且向大家說明。				

教學內容	學習目標	評量結果			
		不會 1	尚可 2	較好 3	很好 4
5. 讓其中一位幼兒選擇一種餐具放在湯匙後面，再選一種餐具來完成此一系列，再問他：「你如何知道在湯匙後面應擺什麼東西？你把整個系列的順序描述一下。」此時幼兒可能回答：「首先，先放湯匙，然後刀子，最後叉子。」等幼兒回答正確後，再開始呈現另一個系列，請另一個幼兒回答該系列的組合，這樣重複幾個系列，可以用如下順序呈現： 匙、匙、叉子、刀子； 匙、匙、叉子、刀子； 匙、＿＿＿、＿＿＿、＿＿＿，依次呈現稍複雜的系列：2匙、1叉、1刀；2匙、1叉、1刀；2匙、1叉、＿＿＿。衡量每一個幼兒的認知能力，給予不同難度的系列以順應個別差異。					
6. 告訴幼兒妳現在要進行一項回憶遊戲：「我將利用這些餐具排成一個系列，等妳們看完後，每個餐具都會用布蓋起來，老師再將布拿開，讓你們比較一下。」當布拿開後，要求幼兒說出排列的順序，盡量給每一位幼兒一次機會去回憶已排好的系列。若有幼兒感到困難，要求他們覆述一遍你原先已排好的系列組合，可逐漸增加系列組合餐具的數量，以加深這個活動的難度。					

教學內容	學習目標	評量結果			
		不會 1	尚可 2	較好 3	很好 4
7. 告訴幼兒餐具系列可以用不同的物品來組成，給每個幼兒蒐集材料的機會，然後把自己的圖案系列排出來讓其他人猜。					

評量結果：4 代表達成該項目標 75%以上，3 代表達成該項目標 50%～75%，
　　　　　　2 代表達成該項目標 25%～50%，1 代表未達成該項目標 25%。

學習目標：共 4 項，通過項目（指評量較好或很好）共＿＿＿項。

針對特殊幼兒所做的調整：能說出圖形名稱。

延伸活動：「下一個」（請見下一個活動）。

學習經驗：數、分類、主動學習、說。

材料：4 張圖形序列、鉛筆、紙張。

教學內容	學習目標	評量結果			
		不會 1	尚可 2	較好 3	很好 4
1. 呈現圖形序列第一張，讓每一個幼兒皆清楚看到，然後問幼兒：「這是什麼圖形呢？是，它看起來像冰淇淋圓筒，但和其他的冰淇淋圓筒有一些差異。」解釋第一個圓筒內有 4 球冰淇淋，第二個圓筒內 3 球，第三個圓筒內有 2 球。講到每一個圖形時，用手指該圖形，然後說：「這看起來好像某個人偷吃了 1 球冰淇淋。假如這個圖形（指出該圖形）顯示有 2 球冰淇淋，那下一個冰淇淋的圖形將顯示多少球冰淇淋？」點名一位幼兒指出正確圖形所在，要求該幼兒用鉛筆畫出來，並要求解釋理由，問：「你如何知道答案？」「每一個圖形的冰淇淋分別是多少？」重複此一程序，接著展示第二組、第三組及第四組圖片。	1. 能找出下一個圖形。 2. 能畫出下一個圖形。 3. 能解釋圖形的順序。 4. 能指出剛剛看過的圖形。				
2. 利用準備好的紙張與鉛筆，畫出剛才顯示的四張圖形序列中的任何一個圖，畫好後要求幼兒們看仔細並試著記下來。將所有圖形序列放在上後，要幼兒指出包含此一					

教學內容	學習目標	評量結果			
		不會 1	尚可 2	較好 3	很好 4
桌圖形的原始序列圖片，並問幼兒：「告訴我剛才老師畫的是哪一個圖形？將這個圖形正確指出來。」幼兒如能從一圖形序列中指出圖形即算對。					

評量結果：4 代表達成該項目標 75%以上，3 代表達成該項目標 50%～75%，
2 代表達成該項目標 25%～50%，1 代表未達成該項目標 25%。

學習目標：共 4 項，通過項目（指評量較好或很好）共＿＿＿項。

針對特殊幼兒所做的調整：能將圖形著色。

延伸活動：可將冰淇淋換成葉子，增加數量。

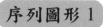

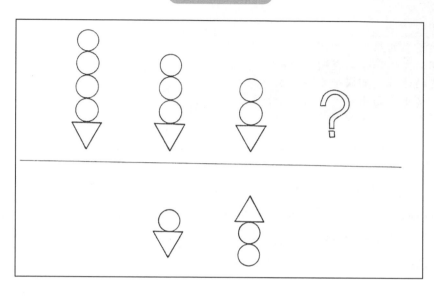

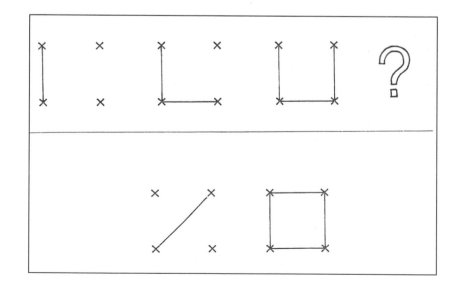

序列圖形 2

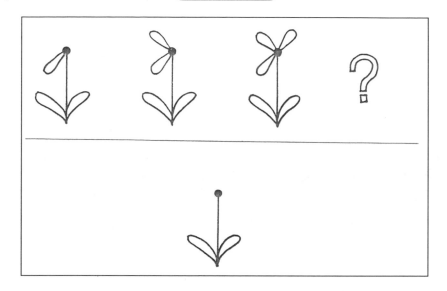

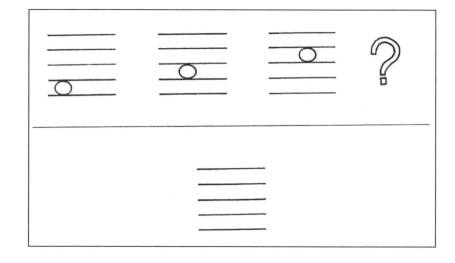

學習經驗：分類、說。

材料：6 套圖片圖卡：樹（由矮到高）、球（由小到大）、人（由瘦到胖）、頭髮（由直到捲）、衣服（由短袖到長袖）、食物（由滿到空），在活動前將 6 套圖片的順序弄亂。

教學內容	學習目標	評量結果			
		不會 1	尚可 2	較好 3	很好 4
1. 幼兒們一同坐在桌前，老師擺出第一套圖片（3 棵樹），問：「為何這 3 張圖片屬同一類？」幼兒們會推斷這些圖片屬同一類是由於每張圖片上都有一棵樹。接著對幼兒說：「仔細看看這些圖片，它們如何變化？」幼兒們會看到這些樹由矮變高。老師再拿球的圖片（由小到大）及人的圖片（由瘦到胖），重複這個過程。 2. 接著拿出一套頭髮的圖片（由直到捲），交給一位幼兒，並說：「看，請你按照順序排列這些圖片，先將這張放在第一張（放下直髮的那張），下一個是哪一張的圖片？（暫停一下）……哪一張圖片在最後？」按照類似的程序做最後的 2 套圖片（衣服由短袖到長袖、碗中的食物由滿到空）。 3. 每套圖片都依順序排列後，拿一套圖片給一位幼兒，問：「你如何利用這些圖片	1. 能說出後面接著的一張圖片。 2. 能將圖片按照順序排出。 3. 能利用一套圖片說出一個小故事。 4. 能記得哪些圖片是同一套。 5. 能遵守遊戲規則。				

教學內容	學習目標	評量結果			
		不會 1	尚可 2	較好 3	很好 4
（樹）說一個故事？」這個幼兒也許會說一個關於3棵樹的故事，或關於一棵樹變化的故事。任何一種方式都很好，讓每位幼兒都有機會用不同的一套圖片說故事。 4. 最後玩一種集中注意力的遊戲。從2套圖片中拿出一些卡片（共6張圖卡），洗牌，然後將卡片面朝下蓋在桌上，要求一位幼兒掀開3張牌，第一個能掀開同一套卡片的3張牌的幼兒就贏了（試著增加一、兩套使這個遊戲更具挑戰性）。					

評量結果：4代表達成該項目標75%以上，3代表達成該項目標50%～75%，
　　　　　　2代表達成該項目標25%～50%，1代表未達成該項目標25%。

學習目標：共5項，通過項目（指評量較好或很好）共＿＿項。

針對特殊幼兒所做的調整：能說出圖片名稱。

延伸活動：閱讀繪本，認識書上的圖片。

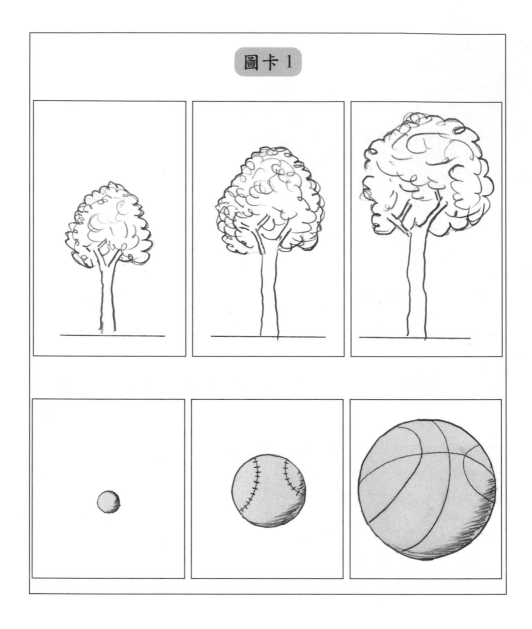

學習經驗：說、經驗及表達想法。

材料：刀叉（或其他常用的物品，例如：茶杯、鏡子、鉛筆、鑰匙等）、E.T. 布偶（做成像外星人模樣且頭上有角）。

教學內容	學習目標	評量結果			
		不會 1	尚可 2	較好 3	很好 4
1.⑴老師用手舉起布偶。 　⑵對幼兒說：「今天我們有一位客人，讓我來介紹他給大家認識，他的名字叫 E.T.，他是來自其他星球的外星人。老師邀請 E.T 來我們班上，讓我們一起來了解世界的一些事情。E.T.告訴我，我們地球人用一種很古怪的方式來使用器具，他覺得很奇怪。」 　⑶外星人 E.T.說：「就是嘛！你們有些習慣很奇怪，讓我舉一個例子表演給你們看。」E.T.拿了一副刀叉，並說：「你們用刀叉做什麼用？」請一位幼兒回答。E.T.說：「你們知道嗎？對我來說，用刀叉吃東西是沒有意義的。」 　⑷反問 E.T.：「那麼你們外星人用刀叉做什麼用？」 　⑸E.T.說：「我不告訴你，你們先猜猜看，如果猜對的話，我再告訴你們。」讓每位幼兒想想刀叉是否有其他的用途？	1. 能說出刀叉的用途及不同的使用方法。 2. 能表演出刀叉的用途。 3. 能說出刀叉除了吃飯以外的一種用途。 4. 能想出刀叉的不同而奇特之用途（和其他幼兒不一樣）。				

教學內容	學習目標	評量結果			
		不會 1	尚可 2	較好 3	很好 4
2. 每當幼兒說出刀叉的不同用途時，老師便問 E.T.：「是否答對了？」讓每位幼兒都有機會說出及表演刀叉的各種不同用途。 3. 再鼓勵幼兒想想刀叉的其他用途，接受各種答案，以激勵他們。過一會兒後，請 E.T. 選出一個最特別的答案，讓幼兒了解刀叉除了用來吃飯外，還有其他的用途！ 4. (1)E.T.說：「事實上我們外星人的刀叉有二種用途，是一種非常神祕的刀叉用法。它是我們星球上一個祕密俱樂部的人使用的方法。我曾加入過，所以知道這種用法。在俱樂部我們以一種非常奇特的方法使用刀叉。雖然你們剛剛想出各種使用的方法，但是到目前為止還沒有人想出我說的使用方法，因為祕密俱樂部禁止我告訴你們這種神祕用法。讓我看有什麼辦法……，對了！我想到，當你們猜出了這正確答案時，我頭上的觸角會發出嗡嗡的聲音。」 (2)鼓勵幼兒再想出一些更奇特的使用方法。當某一幼兒想出一種非常特別的用法時，讓 E.T.觸角發出嗡嗡聲，幼兒們就知道答案正確了。					

教學內容	學習目標	評量結果			
		不會 1	尚可 2	較好 3	很好 4
(3)E.T.最後說：「謝謝各位小朋友，想不到我的來訪會獲得這麼多樂趣。我曾聽說過你們地球人相當奇怪，但你們也不賴。如果你們不介意的話，我現在將返回我的家鄉。再見了！」					

評量結果：4 代表達成該項目標 75%以上，3 代表達成該項目標 50%～75%，2 代表達成該項目標 25%～50%，1 代表未達成該項目標 25%。

學習目標：共 4 項，通過項目（指評量較好或很好）共＿＿＿項。

針對特殊幼兒所做的調整：能說出刀叉名稱。

延伸活動：「外星人的故事」（請見下一個活動）。

外星人的故事

學習經驗：主動學習、說。

材料：無。

教學內容	學習目標	評量結果			
		不會1	尚可2	較好3	很好4
1. 老師說：「今天我要告訴你們一個小孩的故事，他的名字叫小威，他住在一個很遠很遠的星球上，他像其他小朋友一樣愛玩而且很會玩，但那個星球的人有一個很不一樣的地方，就是那裡的每個人都是用跳的，不像你們用走的或用跑的。你們想一些又好玩又特別的向後跳的遊戲。」（對幼兒任何特別的想法加以讚揚） 2. 再對幼兒說：「有一天小威肚子餓，想找東西吃，當他跳到放食物的廚房時，聽到一個很奇特的聲音，像＃！？％！？……（發一個很奇怪的聲音），你們認為他聽到什麼聲音？你們認為在那個星球上有什麼東西會發出這種奇怪的聲音？」鼓勵幼兒們說出發生這種聲音的東西。 3. 對幼兒說：「你們想的都非常好，真是太有想像力了！小威聽到的是一隻很小的動物藏在廚房裡發出的怪叫聲，當牠看到小威時非常害怕，牠向小威說：『不要傷害我，我不是有意打破這東	1. 能想出一個向後跳的遊戲。 2. 能說出發出這種怪聲音的東西。 3. 能想出裝果汁的容器。 4. 能仔細的描述這隻小動物的特徵（眼睛、腳、角、毛及皮膚）。				

教學內容	學習目標	評量結果			
		不會 1	尚可 2	較好 3	很好 4
西的。」這小動物哭得好傷心，架子上面有一個破掉的容器，果汁全都流出來滴到地上，小威覺得對這小動物很抱歉，因為牠嚇壞了。他告訴牠：『別走開，我來想想看有沒有別的東西可裝這些果汁』。」請幼兒們幫小威想想能用什麼東西裝這些果汁，告訴幼兒在那個星球沒有塑膠製品可裝東西。 4.(1)正當幼兒為他們所想出來的法子感到驕傲時，小威的媽媽進來了，這小動物很快地跑掉，只剩下小威在亂七八糟的廚房，媽媽驚訝的說：「小威，是你把廚房弄得亂七八糟的嗎？」因為那星球的孩子從來沒有說過謊話，所以小威向媽媽報告小動物嚇著他的情形，詢問幼兒：「小威應該怎麼向媽媽形容這隻小動物呢？」 (2)讓幼兒們幫小威形容這隻小動物，如果需要的話，提示一些問題幫助幼兒們： ・牠有多少隻眼睛？ ・牠有幾隻腳？ ・牠有沒有毛？ ・牠有沒有角？ ・牠的皮膚是什麼顏色？ 激發幼兒的想像力，詳細的形容這隻小動物。					

評量結果：4 代表達成該項目標 75%以上，3 代表達成該項目標 50%～75%，
　　　　　　2 代表達成該項目標 25%～50%，1 代表未達成該項目標 25%。

學習目標：共 4 項，通過項目（指評量較好或很好）共＿＿項。

針對特殊幼兒所做的調整：能模仿發出的聲音。

延伸活動：「E.T.回來了」（請見下一個活動）。

E.T.回來了

學習經驗：數、分類、說、經驗及表達想法。

材料：E.T.布偶（和「奇特用途」的活動一樣）、牙刷、牙膏、紙袋、石頭、茶杯、其他沒有關係的東西，例如：球、湯匙、線、膠水瓶、蠟燭等。

教學內容	學習目標	評量結果			
		不會 1	尚可 2	較好 3	很好 4
1.(1)將 E.T.舉起（告訴幼兒它的名字叫 E.T.，是個外星人）並以 E.T.的口吻說：「我上次和你們玩得很高興，我等不及趕快回來和你們玩一個不同的遊戲。我這兒有一些石頭和杯子（拿起石頭和杯子），在我們星球上是放在一起的，讓我們猜猜看為什麼這些東西是在一起的？這次，讓你們先說。」請每位幼兒告訴 E.T.一個理由，最好不要重複，並讚揚幼兒任何奇特的想法。 (2)E.T.說：「你們的想法真不錯，但你們還要往更難的地方想想，你們還沒有猜到。」鼓勵幼兒想出更多的理由，並延伸他們的想像力，等他們提出更多的想法後，挑出一個最合理的想法。 2.(1)再以老師的口吻說：「好的，E.T.，該我們問你了，在地球上我們會把這二樣東西放在一起使用（拿起	1. 能說出為什麼石頭和杯子要放在一起。 2. 能想一個以上把石頭和茶杯放在一起使用的用途。 3. 能說出為什麼牙膏和牙刷要放在一起。 4. 能說出特別的想法，例如：將牙刷刷完頭髮後，再把牙膏擠在頭上。 5. 能將紙袋和其他沒有關係的東西搭配一起使用，並解釋原因。 6. 能表演如何將紙袋和不相關的東西一起使用。				

教學內容	學習目標	評量結果			
		不會 1	尚可 2	較好 3	很好 4
牙膏和牙刷），你能說說看為什麼嗎？」 (2)換 E.T.說：「為什麼世界上有人把這二樣東西放在一起使用？你們人類實在很奇怪，難道你們用這刷子刷完頭髮後，再把這個東西擠在頭上？」看看幼兒們有什麼反應，然後說：「喔，不，難道你們用這支毛毛的東西沾一些軟軟的東西在食物上，然後一起吃？」再看看幼兒怎麼反應，再說：「喔！我知道了，這根刷子是裝小昆蟲的船，然後這根長長的東西是槳，對不對？」再看看幼兒有什麼反應，再說：「難道是你們將這軟軟的東西擠在娃娃的家具上，然後用毛毛的東西刷乾淨？」看幼兒有什麼反應，再說：「嗯，我也把所有想到的方法都猜過了。我還有一個很奇怪的想法，你們別笑我喔！或許你們把這軟軟的東西擠在毛毛的東西上，然後用它來刷牙，是嗎？」看看幼兒有什麼反應，最後說：「天啊！我真不敢相信，你們的想法真奇怪。」					

教學內容	學習目標	評量結果			
		不會 1	尚可 2	較好 3	很好 4
3. 接著 E.T.拿出紙袋和一些不相關的東西，說：「既然你們這麼聰明，我想請你們幫忙，我要送一樣禮物給我的星球的一位朋友，而且這東西他一定要能用，我已想好要給他這個紙袋和另一樣東西一起使用，請問這些東西（指著這些不相關的東西）哪一個能和紙袋一起用？」看看每位幼兒是否能將紙袋和不同的東西搭配在一起。（特別有創意的幼兒或許能將每一樣東西和紙袋搭配使用）					
4. 最後 E.T.說：「你們的想法聽起來都很奇妙！但有很多想法把我搞糊塗了，讓我想想，啊！有了，如果你們每個人能把你們的想法演出來，我就能了解它們怎麼湊在一起，當我看你們表演時，我就能想像我的朋友如何使用這些東西。」					
5. 讓幼兒演出他們最喜歡的用法給 E.T.看，當幼兒表演完時，E.T.說：「表演得真好！他們真的很管用耶！現在我有許多禮物可以給我的朋友、兄弟和姐妹了，我有 39 個兄弟和 52 個姐妹，我的家在我的星球是一個大家族。我必須離開了，我把飛碟停在某處，因為我沒有你們這					

教學內容	學習目標	評量結果			
		不會 1	尚可 2	較好 3	很好 4
裡的錢幣付停車費，你們都是親切的男主人和女主人，我希望很快能再回來，再見了！」					

評量結果：4 代表達成該項目標 75%以上，3 代表達成該項目標 50%～75%，
2 代表達成該項目標 25%～50%，1 代表未達成該項目標 25%。

學習目標：共 6 項，通過項目（指評量較好或很好）共＿＿項。

針對特殊幼兒所做的調整：能說出石頭和茶杯的名稱。

延伸活動：隔一段時間再介紹 E.T.，讓幼兒有機會再玩一次，但別間隔太久，
以免他們對 E.T.失去興趣。

學習經驗：主動學習、說。

材料：櫥窗圖片（在活動開始時，將櫥窗圖片貼在幼兒視線可及的牆壁上）。

教學內容	學習目標	評量結果			
		不會 1	尚可 2	較好 3	很好 4
1.將幼兒集合起來，告訴他們：「假裝我們走在一條很特別的街上。看！那兒有一些特別的店。」這時帶著幼兒繞著教室邊走，告訴幼兒老師看到了冰淇淋店、旋轉木馬和溜滑梯，在走到櫥窗前時，問：「現在我們到了魔術玩具店，你們能不能叫出這些玩具的名稱。」鼓勵幼兒說出他們看到櫥窗裡玩具的名字。 2.接著指著櫥窗圖片說：「看看那個玩具，我從來沒見過，那種東西只在魔術玩具店裡看到。你們猜猜看我看到什麼特殊、新奇的玩具？」如果有幼兒說出一個普通的玩具，告訴他：「我看過那種玩具，但我指的那一種是我從來沒在別的地方看到的特別玩具。」對任何回答都加以稱讚，以鼓勵幼兒能繼續想像。 3.當有人提出一些特別的玩具名稱時，問幼兒：「誰能扮演這些玩具？」如果必要，給一些提示或建議以協助扮演玩具的幼兒，例如：「這	1.能說出放在玩具店櫥窗內的玩具名稱。 2.能說出在櫥窗上較為特殊的玩具名稱。 3.能扮演玩具。 4.能描述一個玩具娃娃在晚上看到的街道情形。 5.能說出天黑後要做什麼。				

教學內容	學習目標	評量結果			
		不會 1	尚可 2	較好 3	很好 4
個玩具要怎麼動？有沒有開關？告訴我們你怎麼使用它？」當一個幼兒扮演完畢，讓全體幼兒模仿一遍，扮演完一種玩具，再扮演另一種玩具。 4. 最後告訴幼兒：「好了，我們逛街逛了好久，天黑了，假裝你是櫥窗內的一個洋娃娃，當你從窗戶往外看時，你看到了些什麼？」等幼兒回答後再問：「天黑了，你有什麼感覺？你現在要做什麼？」看看幼兒是否回答：「我好累，要去睡覺。」記得提醒幼兒當天色已晚，街道沒有人時，他們還可以做哪些事。					

評量結果：4 代表達成該項目標 75%以上，3 代表達成該項目標 50%～75%，
　　　　　2 代表達成該項目標 25%～50%，1 代表未達成該項目標 25%。

學習目標：共 5 項，通過項目（指評量較好或很好）共＿＿＿項。

針對特殊幼兒所做的調整：能玩玩具。

延伸活動：玩具櫥窗亦可延伸成以下的東西：

　　　　　・國王和皇后的王宮。

　　　　　・一個不明飛行物。

　　　　　・鬼屋。

　　　　　・琳瑯滿目的糖果屋。

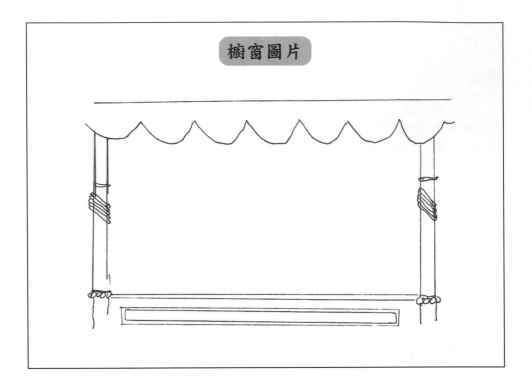

學習經驗：聽及理解、經驗及表達想法、科學。

材料：植物生長影片、幼兒種豆成品、各種植物（例如：常春藤、仙人掌等
常見的植物）、豆豆生長過程圖片。

教學內容	學習目標	評量結果			
		不會 1	尚可 2	較好 3	很好 4
1. 觀賞植物生長影片。 2. 讓幼兒觀察自己種的豆豆生長情形。 3. 透過觀賞影片及種豆豆的經驗，說明植物生長的要素。 4. 介紹教室或學校附近看到的各種植物，讓幼兒認識植物名稱及植物構造的名稱。 5. 介紹學校中的植物及其構造。	1. 能安靜欣賞植物生長過程的影片。 2. 會發表自己的種豆經過。 3. 說出植物生長需要什麼條件。 4. 能說出植物的名稱。 5. 能說出樹的名稱。 6. 能說出植物的基本構造。				

評量結果：4 代表達成該項目標 75% 以上，3 代表達成該項目標 50%～75%，
2 代表達成該項目標 25%～50%，1 代表未達成該項目標 25%。

學習目標：共 6 項，通過項目（指評量較好或很好）共＿＿項。

針對特殊幼兒所做的調整：能說出植物名稱。

延伸活動：「小花匠」（請見下一個活動）。

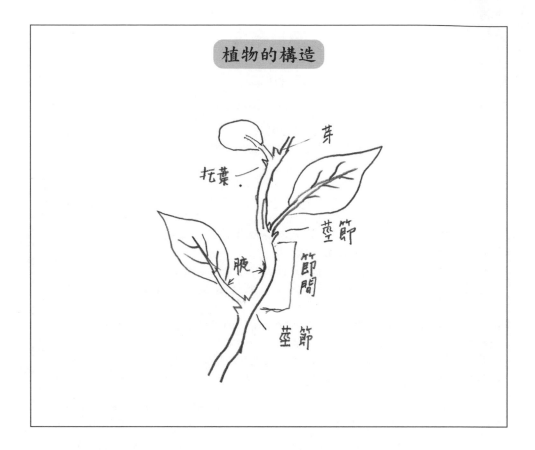

學習經驗：主動學習、聽及理解、說、科學。

材料：花的圖片、花苗（海棠、玫瑰、香花）、工具（鏟子、水桶）。

教學內容	學習目標	評量結果			
		不會 1	尚可 2	較好 3	很好 4
利用花的圖片讓幼兒欣賞，並講解花的構造（利用真花），接著利用戶外的空地給幼兒實際參與種植的過程。	1. 能聆聽老師講述花的構造。 2. 能說出幾種花的名稱。 3. 能利用鏟子挖土。 4. 能將花苗放入洞內並以泥土覆蓋之。 5. 能為花苗澆水。 6. 能說出所種植的花之名稱。				

評量結果：4 代表達成該項目標 75%以上，3 代表達成該項目標 50%～75%，2 代表達成該項目標 25%～50%，1 代表未達成該項目標 25%。

學習目標：共 6 項，通過項目（指評量較好或很好）共＿＿項。

針對特殊幼兒所做的調整：能使用鏟子及澆水。

延伸活動：利用戶外時間觀賞種植的花。

哪一個有種子

學習經驗：主動學習、聽及理解、說、經驗及表達想法、社會學習、科學。

材料：葡萄（有種子的水果）、瓜子、學習單、繪本《種子笑哈哈》（遠流）。

教學內容	學習目標	評量結果			
		不會 1	尚可 2	較好 3	很好 4
1. 介紹《種子笑哈哈》這本繪本，告訴幼兒這本書用細緻豐富的圖畫完整介紹植物的種子及不同的傳播方式，還可看到那些生長在植物中的小動物們的對話。 2. 發給每位幼兒一顆葡萄，請幼兒找出葡萄的種子，並討論種子的用處。 3. 請幼兒輪流發表平常吃過的蔬果中，有哪些是有種子的（可參考書籍）。 4. 拿出學習單請幼兒指出高麗菜、荔枝、芭樂、豆芽菜、番茄、葡萄中哪些有種子。 5. 先完成的幼兒可吃瓜子。	1. 能聆聽老師說故事。 2. 能說出種子的意義。 3. 能自行剝葡萄皮。 4. 能找到葡萄的種子。 5. 能說出一種有種子的蔬果。 6. 能聆聽別人發言。 7. 能指出有種子的蔬果。 8. 能自行剝開瓜子殼。 9. 能協助收拾整理。				

評量結果：4 代表達成該項目標 75%以上，3 代表達成該項目標 50%～75%，2 代表達成該項目標 25%～50%，1 代表未達成該項目標 25%。

學習目標：共 9 項，通過項目（指評量較好或很好）共＿＿＿項。

針對特殊幼兒所做的調整：能吃葡萄。

延伸活動：「植物的種子」（請見下一個活動）。

學習單

請指出高麗菜、荔枝、芭樂、豆芽菜、番茄、葡萄，並且把有種子的蔬果圈起來。

植物的種子

學習經驗：數、分類、聽及理解、說、經驗及表達想法、照顧自己的需要、
社會學習。

材料：繪本《小種籽》（上誼）、苦瓜、大黃瓜、小黃瓜、絲瓜、葫瓜、豌
豆、芭樂、葡萄柚、枇杷、橘子、蘋果、學習單。

教學內容	學習目標	評量結果			
		不會 1	尚可 2	較好 3	很好 4
1. 介紹並講述繪本《小種籽》的故事。 2. 讓幼兒觀察各種蔬果外型，例如：形狀、顏色、大小、輕重。 3. 讓幼兒觸摸並說說看蔬果外皮是粗的還是細的。 4. 讓幼兒剝枇杷、橘子、豌豆、蘋果，切切看、觀察內部種子的形狀。 5. 讓幼兒嚐一嚐果肉的味道是甜還是酸。 6. 讓幼兒說一說種子是扁扁的或是圓圓的？ 7. 發下學習單讓幼兒猜猜看，豌豆、蘋果、橘子及枇杷的種子是誰？（可比對實物和學習單上的種子形狀）	1. 能聆聽老師說故事。 2. 能說出蔬果的外觀，例如：形狀、顏色、大小、輕重。 3. 能觸摸蔬果並說出表皮的感覺 4. 會自行剝開果皮，或使用刀子小心的將蔬果切開，找出種子。 5. 能觀察種子的形狀並說出種子是扁的還是圓的。 6. 能嚐一嚐果肉的味道是甜還是酸。 7. 能說出學習單上的蔬果名稱。 8. 能正確的找出三種以上蔬果的種子。				

評量結果：4 代表達成該項目標 75%以上，3 代表達成該項目標 50%～75%，
2 代表達成該項目標 25%～50%，1 代表未達成該項目標 25%。

學習目標：共 8 項，通過項目（指評量較好或很好）共＿＿＿項。

針對特殊幼兒所做的調整：能說出水果名稱。

延伸活動：「哪裡可以吃」（請見下一個活動）。

學習單

豌豆、蘋果、橘子及枇杷的種子是誰？請連一連！

學習經驗：說、科學。

材料：整株蔬菜三種（芹菜、番薯葉、白菜）、繪本《可以吃的植物》（漢聲）、學習單。

教學內容	學習目標	評量結果			
		不會 1	尚可 2	較好 3	很好 4
1. 取出整株蔬菜介紹其構造，請幼兒探索，並請幼兒指出其可食用的部分、名稱。 2. 介紹繪本《可以吃的植物》，讓幼兒了解人類食用的蔬果是植物的哪個部分，以及它們是如何長成的，並詢問幼兒書中所提的蔬果名稱及食用部位。 3. 發下學習單，請幼兒說出學習單上的蔬果名稱（白花菜、香蕉、紅蘿蔔、番茄、木瓜、高麗菜）及可食用的部分。	1. 能說出蔬菜的名稱。 2. 能指出蔬菜可食用的部分。 3. 能說出蔬菜可食用的部分（例如：根、莖、葉……）。 4. 能聆聽老師說故事。 5. 能說出繪本中蔬果的名稱及食用部分至少三種。 6. 能說出學習單上蔬果名稱。（白花菜、香蕉、紅蘿蔔、番茄、木瓜、高麗菜） 7. 能說出可食用的部分是什麼。（根、莖、葉）				

評量結果：4 代表達成該項目標 75%以上，3 代表達成該項目標 50%～75%，2 代表達成該項目標 25%～50%，1 代表未達成該項目標 25%。

學習目標：共 7 項，通過項目（指評量較好或很好）共____項。

針對特殊幼兒所做的調整：能說出蔬菜的名稱。

延伸活動：「可以吃的植物」（請見下一個活動）。

學習單

請說出蔬果名稱（白花菜、香蕉、紅蘿蔔、番茄、木瓜、高麗菜）及可
食用的部分是根、莖還是葉。

可以吃的植物

學習經驗： 分類、聽及理解。

材料： 繪本《蔬菜是怎麼長大的呀》（水滴文化）、蔬菜圖卡、食用部位圖卡（上信文化）、學習單、彩色筆。

教學內容	學習目標	評量結果			
		不會 1	尚可 2	較好 3	很好 4
1. 介紹繪本《蔬菜是怎麼長大的呀》，讓幼兒知道每天吃的蔬菜生長在哪裡？並問幼兒吃飯常吃的蔬菜有哪些，以及生長在哪裡？ 2. 透過圖片引導幼兒認識及分辨我們吃的菜是植物的哪個部分（根、莖、葉、花、果）。 3. 再透過蔬菜與食用部位圖卡配對，讓幼兒知道我們是吃蔬菜的哪個部分。 4. 發學習單：圈出葫蘆瓜、洋蔥、青椒、茄子、番茄、香菇及南瓜等蔬果的可食用部分，並著色。	1. 能聆聽老師說故事。 2. 能注視老師所指的圖案。 3. 能說出吃的蔬菜有哪些。 4. 能說出蔬菜長在哪裡。 5. 能分辨植物的根、莖、葉、花、果。 6. 能將蔬菜與食用部位配對。 7. 能圈出蔬果的可食用部分。 8. 能在線內著色不超過 0.5 公分。				

評量結果： 4 代表達成該項目標 75%以上，3 代表達成該項目標 50%～75%，2 代表達成該項目標 25%～50%，1 代表未達成該項目標 25%。

學習目標： 共 8 項，通過項目（指評量較好或很好）共＿＿＿項。

針對特殊幼兒所做的調整： 能說出可以吃的植物。

延伸活動： 參觀植物園。

學習單

請指出葫蘆瓜、洋蔥、青椒、茄子、番茄、香菇及南瓜等蔬果，並圈出可食用的部分。

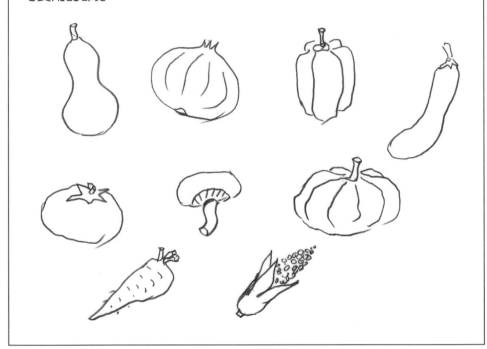

認識水中生物

學習經驗：說、經驗及表達想法、科學。

材料：海底生物的圖片、學習單。

教學內容	學習目標	評量結果			
		不會 1	尚可 2	較好 3	很好 4
1. 請幼兒回憶之前到水族館看到了哪些海底生物，分享後，老師拿出海底生物的圖片，請幼兒找一找有沒有他們在水族館看到的海底生物。 2. 請幼兒一一的說出圖片名稱，並將同類型但住在不同地方的海底生物做比較（例如：海龜與烏龜、螃蟹與寄居蟹、海星與珊瑚）。 3. 請幼兒將學習單上的海底生物和其居住位置做配對（例如：貝殼、寄居蟹在沙灘上……）。	1. 能說出一至二種的海底生物名稱。 2. 能找出自己所說的海底生物圖片。 3. 能說出圖片上的海底生物名稱，例如：海龜、寄居蟹、海星、螃蟹、珊瑚、烏龜。 4. 能將海底生物分類。 5. 能比較海龜與烏龜、螃蟹與寄居蟹、海星與珊瑚之間的不同點。 6. 能將學習單上的海底生物（例如：貝殼、寄居蟹在沙灘上……）做配對。				

評量結果：4 代表達成該項目標 75%以上，3 代表達成該項目標 50%～75%，2 代表達成該項目標 25%～50%，1 代表未達成該項目標 25%。

學習目標：共 6 項，通過項目（指評量較好或很好）共＿＿項。

針對特殊幼兒所做的調整：能說出海底生物名稱。

延伸活動：「動物吃的東西」（請見下一個活動）。

學習單

請將海底生物和其居住的正確位置（沙灘或是海裡）連起來。

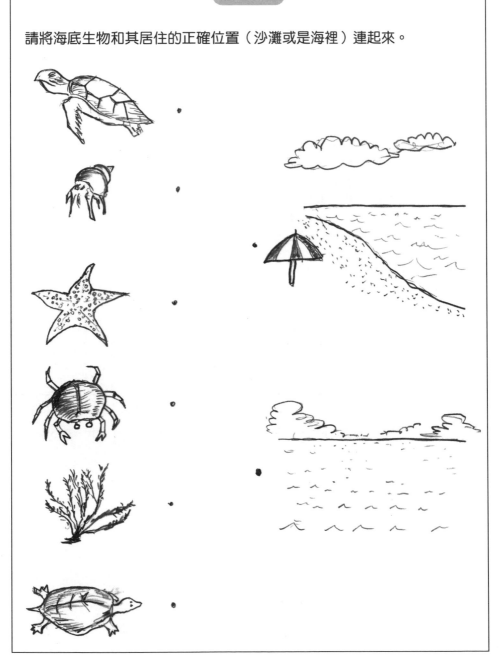

動物吃的東西

學習經驗：分類、說。

材料：動物模型（老虎、鱷魚、熊、羊、斑馬、長頸鹿）、學習單、彩色筆。

教學內容	學習目標	評量結果			
		不會 1	尚可 2	較好 3	很好 4
1. 老師利用動物模型做動物的自我介紹，在介紹中必須說出自己最喜歡吃的食物（例如：老虎、鱷魚吃肉，羊、長頸鹿吃草、樹葉……），請幼兒將吃肉和吃草的動物分成兩邊。 2. 有些動物是雜食性動物，請幼兒說出兩種雜食性動物。 3. 發下學習單，上面有六種動物（牛、狼、鷹、羊、老虎及馬）及牠們最愛吃的食物（肉及草），請幼兒將牠們愛吃的食物送給牠們。	1. 能指出吃肉的動物。 2. 能指出吃草的動物。 3. 能將吃肉及吃草的動物分成兩邊。 4. 能說出兩種雜食性動物。 5. 能正確將學習單的動物圖案與食物圖案做配對。				

評量結果：4 代表達成該項目標 75%以上，3 代表達成該項目標 50%～75%，2 代表達成該項目標 25%～50%，1 代表未達成該項目標 25%。

學習目標：共 5 項，通過項目（指評量較好或很好）共＿＿＿項。

針對特殊幼兒所做的調整：能說出動物的名稱。

延伸活動：參觀動物園。

學習單

請將動物和食物（肉及草）連起來。

樹葉變變變

學習經驗：數、分類、主動學習、說、寫、科學。

材料：落葉、新鮮樹葉、數字卡 1～10、水彩、圖畫紙、花瓣、水、銅板、鉛筆、塑膠蓋子。

教學內容	學習目標	評量結果			
		不會 1	尚可 2	較好 3	很好 4
1. 帶幼兒到校園撿拾落葉及新鮮樹葉。 2. 拿出各種不同的葉子共 10 片。 3. 介紹其中兩種植物給幼兒認識（形狀差異較大的較易分辨）。 4. 請幼兒數一數共有幾片樹葉。 5. 做拓印葉子水。 6. 準備葉子，逐一讓幼兒分辨出何種葉子會沉／浮，教導浮沉與輕重之關係。 7. 讓幼兒收拾。	1. 會分辨落葉與新鮮樹葉的不同。 2. 能說出葉子的形狀及大小。 3. 能將樹葉做分類。 4. 會分辨至少兩種樹葉。 5. 能正確算出樹葉片數（共 10 片）。 6. 能參與課程進行（不亂跑、不離座）。 7. 會拓印樹葉。 8. 能分辨何者會浮，何者會沉。 9. 能說出輕會浮、重會沉。 10. 小組活動結束後，會幫忙收拾。				

評量結果：4 代表達成該項目標 75%以上，3 代表達成該項目標 50%～75%，2 代表達成該項目標 25%～50%，1 代表未達成該項目標 25%。

學習目標：共 10 項，通過項目（指評量較好或很好）共＿＿＿項。

針對特殊幼兒所做的調整：會撿拾樹葉、參與課程進行。

延伸活動：「校園採集」（請見下一個活動）。

校園採集

學習經驗：數、分類、主動學習、聽及理解、閱讀、社會學習。

材料：事先製作好的葉子標本卡、塑膠袋、幼兒的姓名貼紙。

教學內容	學習目標	評量結果			
		不會 1	尚可 2	較好 3	很好 4
1. 呈現事先製作好的葉子標本卡，請幼兒數一數總共有幾種。 2. 請幼兒將籃子內的葉子和標本比對後，找出一樣的葉子。 3. 請幼兒將標本卡上的十種葉子記清楚後，一一到籃內拿一個塑膠袋並拿自己的姓名貼紙貼在塑膠袋上，到戶外指定處尋找標本卡上的十種葉子。 4. 五分鐘後請幼兒進教室，在自己的位置上清理採集到的葉子，並將一樣的葉子放在一起，再數數看有幾種、各有幾片。 5. 請幼兒檢視自己採的葉子有幾種是和標本卡上的葉子一樣。	1. 能說出有幾種葉子。 2. 能做葉子的配對。 3. 能主動拿一個塑膠袋。 4. 能找到有自己姓名的貼紙。 5. 能聽懂連續的三個指令（拿塑膠袋、找姓名貼紙、貼上）。 6. 能依記憶尋找指定的葉子。 7. 能在指定範圍內活動。 8. 能找到指定（和標本一樣）的葉子。 9. 能在「回教室」指令下達後馬上進入教室。 10. 能做葉子的分類。 11. 能說出自己採集到幾種葉子（1 至 10）。 12. 能在每種葉子中數出自己採集到各幾片（1 至 15）。 13. 能檢視自己採的葉子有幾種是和標本卡上的葉子一樣。				

評量結果：4 代表達成該項目標 75%以上，3 代表達成該項目標 50%～75%，
　　　　　　2 代表達成該項目標 25%～50%，1 代表未達成該項目標 25%。

學習目標：共 13 項，通過項目（指評量較好或很好）共＿＿項。

針對特殊幼兒所做的調整：能撿拾葉子。

延伸活動：回家將採集到的葉子貼在紙上，第二天帶到學校與大家分享。

認識蔬菜

學習經驗：主動學習、說、科學。

材料：西洋芹菜、胡蘿蔔、青椒（實物）、蔬菜圖片及卡片（寫上蔬菜名稱）、顏料（紅綠兩色）、圖畫紙（每個幼兒一張）。

教學內容	學習目標	評量結果			
		不會 1	尚可 2	較好 3	很好 4
1. 取出蔬菜實物三種：西洋芹菜、胡蘿蔔、青椒，請幼兒說出名稱。 2. 請幼兒討論蔬菜的顏色（綠色和紅色）。 3. 老師依據實物和幼兒共同討論三種蔬菜的可食用部分：青椒——果實、胡蘿蔔——根部、西洋芹菜——莖部。 4. 取出西洋芹菜、胡蘿蔔及青椒三種蔬菜圖片及卡片，指導幼兒做圖片及卡片配對。 5. 請幼兒討論自己喜歡吃的蔬菜。 6. 製作蔬菜畫： (1)將三種蔬菜切開，指導幼兒觀察其切面形狀：胡蘿蔔——圓形、西洋芹菜——半月形、青椒——梅花形。 (2)指導幼兒依蔬菜顏色選擇顏料做蓋印遊戲。	1. 能說出三種蔬菜的名稱。 2. 能說出西洋芹菜和青椒為綠色，胡蘿蔔為紅色。 3. 能指出西洋芹菜、胡蘿蔔及青椒三種蔬菜的可食用部分。 4. 能將圖片與卡片配對。 5. 能說出正確的蔬菜名稱。 6. 能選擇並說出喜歡吃的蔬菜。 7. 能說出三種蔬菜的切面形狀。 8. 能選擇正確顏料蓋印。				

評量結果：4 代表達成該項目標 75%以上，3 代表達成該項目標 50%～75%，2 代表達成該項目標 25%～50%，1 代表未達成該項目標 25%。

學習目標：共 8 項，通過項目（指評量較好或很好）共＿＿＿項。

針對特殊幼兒所做的調整：能說出蔬菜的顏色。

延伸活動：「品味蔬菜」（請見下一個活動）。

品味蔬菜

學習經驗：數、主動學習、閱讀、寫。

材料：青椒、芹菜、胡蘿蔔、水彩、圖畫紙、字卡。

教學內容	學習目標	評量結果			
		不會 1	尚可 2	較好 3	很好 4
1. 讓幼兒看三種蔬菜：青椒、芹菜、胡蘿蔔。 2. 讓幼兒討論及觀察蔬菜的外觀、形狀、顏色、氣味。 3. 要幼兒給蔬菜取個名字，例如：綠色的青椒。 4. 拿出字卡讓幼兒配對。 5. 老師切開蔬菜讓幼兒看看裡面是什麼樣子，再聞聞裡面的氣味。 6. 讓幼兒選擇喜歡的蔬菜兩種，並且在圖畫紙上拓印蔬菜（拓印畫），並再加上水彩於圖畫紙上美化。	1. 能說出蔬菜的外觀、形狀、顏色、氣味，例如：說出青椒是綠色的。 2. 能用顏色形容蔬菜名稱，例如：綠色的青椒。 3. 會做蔬菜及字卡配對。 4. 能用鼻子聞出及說出蔬菜的味道。 5. 能說出自己喜歡的兩種蔬菜。 6. 能做蔬菜拓印。				

評量結果：4 代表達成該項目標 75%以上，3 代表達成該項目標 50%～75%，2 代表達成該項目標 25%～50%，1 代表未達成該項目標 25%。

學習目標：共 6 項，通過項目（指評量較好或很好）共＿＿項。

針對特殊幼兒所做的調整：能說出蔬菜名稱。

延伸活動：認識午餐時吃的蔬菜。

學習經驗：數、分類、主動學習、說、閱讀。

材料：色紙、小紙盤、膠水、彩色筆、臉譜模型。

教學內容	學習目標	評量結果				
		不會 1	尚可 2	較好 3	很好 4
1. 介紹及討論每個人的五官及功能。 2. 讓幼兒指認臉譜模型上的五官名稱。 3. 請幼兒說一句「好聽的話」。 4. 讓幼兒數一數每個人有幾隻眼睛，三個人有幾隻眼睛（二的倍數）。 5. 算一算每個人有幾個鼻子（全班共有多少鼻子）。 6. 拿一個現成的臉譜模型讓幼兒將五官貼在臉譜上。	1. 能說出眼睛是用來看東西。 2. 能說出嘴巴可以說話／吃東西。 3. 能說出鼻子可以聞味道。 4. 能指認臉譜模型上的五官名稱。 5. 會說一句「好聽的話」。 6. 會指認自己臉上的五官名稱。 7. 會算出三個人有六隻眼睛。 8. 會算出三個人有三個鼻子。 9. 能將五官貼在臉譜模型上。 10.能收拾整理。				

評量結果：4 代表達成該項目標 75%以上，3 代表達成該項目標 50%～75%，
　　　　　　2 代表達成該項目標 25%～50%，1 代表未達成該項目標 25%。

學習目標：共 10 項，通過項目（指評量較好或很好）共＿＿＿項。

針對特殊幼兒所做的調整：能指認自己的眼睛及鼻子。

延伸活動：將臉譜掛在角落供大家欣賞。

神祕袋（一）

學習經驗：主動學習、說、經驗及表達想法。

材料：水果、車子模型、杯子、湯匙、恐龍模型、積木（雙份）、彈珠、Asco 算盤組、串珠（雙份）、袋子。

教學內容	學習目標	評量結果			
		不會 1	尚可 2	較好 3	很好 4
1. 呈現常見的物品及玩具數種。 2. 讓幼兒說出其名稱。 3. 將一部分放入神祕袋中，一部分放桌上。 4. 請幼兒摸出老師指定的物品。 5. 請幼兒摸出老師指定功能的物品。 6. 請幼兒說出摸到的物品是什麼。 7. 和幼兒討論用手觸摸與用眼睛看有何不同。 8. 讓幼兒玩猜神祕袋中物品的活動（摸到物品說特徵讓同學猜）。	△能經由感官主動探索各種材料的功能及特性（主動學習 2）： 1. 能說出老師呈現物品的名稱。 2. 能說出物品的功能至少一種以上。 △藉由操作了解物體之間的關係（主動學習 3）： 3. 能摸出老師指定的物品。 4. 能摸出老師指定功能的物品。 5. 能說出手的探索與眼睛的觀察之相似處至少一點。 6. 能說出摸到的物品特徵讓同學猜。				

評量結果：4 代表達成該項目標 75%以上，3 代表達成該項目標 50%～75%，2 代表達成該項目標 25%～50%，1 代表未達成該項目標 25%。

學習目標：共 6 項，通過項目（指評量較好或很好）共＿＿＿項。

針對特殊幼兒所做的調整：讓特殊幼兒摸物品，不需說出名稱。

延伸活動：「神秘袋（二）」（請見下一個活動）。

神祕袋（二）

學習經驗：數、空間、聽及理解、說。

材料：漢堡、薯條、牛奶、香蕉、蘋果、熱狗（實物），及其圖片、語詞卡。

教學內容	學習目標	評量結果			
		不會 1	尚可 2	較好 3	很好 4
1. 呈現常見的食品及圖片數種，讓幼兒說出其名稱。 2. 將一部分食品放入神祕袋中，一部分放桌上。 3. 讓幼兒摸出老師指定的食品並與圖片配對。 4. 讓幼兒說出摸到的食品是什麼並且找到對應的圖片配對。 5. 讓幼兒指出摸到的食品之語詞卡。	1. 會說出上述食品之名稱。 2. 能依老師敘述指出上述物品。 3. 會依指示將食品放入神祕袋內或神祕袋外（分辨裡面、外面）。 4. 能依觸覺找出老師所指定的食品。 5. 會做食品與圖片之配對。 6. 能指出摸到的食品之語詞卡。				

評量結果：4 代表達成該項目標 75% 以上，3 代表達成該項目標 50%～75%，2 代表達成該項目標 25%～50%，1 代表未達成該項目標 25%。

學習目標：共 6 項，通過項目（指評量較好或很好）共＿＿＿項。

針對特殊幼兒所做的調整：能指認食品。

延伸活動：認識午餐及點心食物。

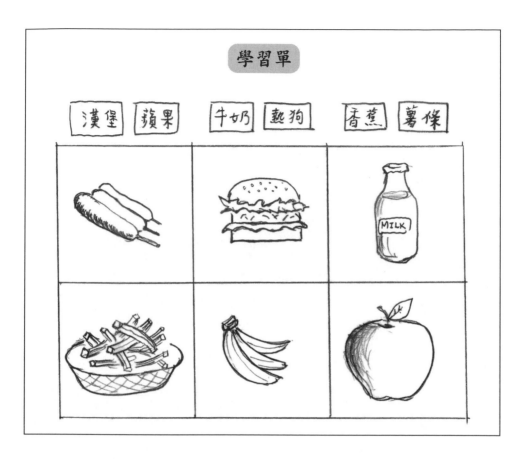

二、科學領域活動

　　此部分的活動是為了檢核及增進幼兒科學能力所設計的課程，內容以幼兒所居住的環境與世界為中心，其中有些活動非常的生活化，有些活動則具有高度的挑戰性和趣味性。

　　此部分的每項活動都劃分為四個技巧，每個技巧對科學能力的發展都非常的重要，這樣的劃分有利於教師在活動進行時檢核幼兒的表現。有些幼兒在這些技巧的某些方面，會有很出色的表現，但是從另一方面來說，也有些幼兒會在某些技巧上感到吃力或是缺乏興趣，而需要額外的幫助或鼓勵。

　　在科學領域開頭的三項活動進行後，教師會很清楚幼兒較強或較弱的技巧是在哪一方面，根據這些結果，可以修改其餘的活動以及日常的生活教學，以提供該幼兒最適合的科學能力訓練。

　　科學能力四個技巧的劃分方式如下：

1. 觀察：能看出及說出物品或事件的屬性及其間的異同或變化。
2. 解決問題：能藉著觀察，運用不同的策略（例如：刪除、對照和比較的方式）提出問題、回答問題、找出答案。
3. 組織：能配對、分類、組合及依序排列物品或事件。
4. 記憶：能回憶與科學有關的資訊，對於新的資訊具有強烈的求知慾和記憶能力。

科學的學習經驗以科學及主動學習為主，主動學習的細目如下：

1. 能經由感官主動探索，認識各種物品的材料的功能及特性，並正確操作（主動學習 2）。
2. 藉由操作了解物體之間的關係（主動學習 3）。
3. 操作、轉換及組合材料（主動學習 5）。

學習經驗：主動學習、聽及理解、說。

材料：心臟圖片、白板筆、白板。

教學內容	學習目標	評量結果			
		不會 1	尚可 2	較好 3	很好 4
1. 先說一個故事：有一個小男孩叫小傑，有一天遇到了一隻袋鼠。袋鼠說：「小傑，我們一起來玩跳躍的遊戲，好嗎？」小傑於是加入袋鼠，開始跳呀跳的，跳了一會兒，小傑就覺得好累，他感覺到在胸部的地方有噗通、噗通的聲音。就在這時（把手放在心臟的位置，請幼兒跟著一起做），小傑說：「袋鼠先生！對不起，我沒有辦法再跳下去了，我要休息一下，再見！」小傑於是躺在草地上休息，那個噗通、噗通的聲音也消失不見了。 2. 問幼兒那個噗通、噗通的聲音到底是什麼？ 3. 拿心臟圖給幼兒看，告訴幼兒心臟其實是一種肌肉喔！它藉著一縮一放的方式，將血液送到身體的各部分。讓幼兒握著拳頭一縮一放，告訴他們心臟就是這樣工作的。在手腕的地方會感到血液的流動，這流動的血我們就叫它脈搏（讓幼兒將手輕輕的壓在手腕上，他們應	1. 能摸到心臟的位置。 2. 能說出噗通、噗通的聲音是心臟。 3. 能摸到脈搏。 4. 能說出在休息和運動之後心跳速度之差別。 5. 能做出原地站立、盤腿而坐及單腳站在教室跳一圈的動作。 6. 能將動作按心跳快慢分類。 7. 能說出如何讓心跳變快或回復正常。				

教學內容	學習目標	評量結果			
		不會 1	尚可 2	較好 3	很好 4
該就會感覺到脈搏輕微穩定的跳動）。 4. 讓幼兒站起來在原地跳 20下，要他們再一次感覺脈搏的跳動。問：「現在你的脈搏跳動的如何？」讓幼兒去討論其中不同之處。 5. 請幼兒安靜的躺在地板上，老師從 1 數到 50，說：「現在，你們感覺自己的脈搏跳的如何？」再讓幼兒討論其中的不同。 6. 做做看其他的動作，並且讓幼兒去觀察每一次的脈搏有何不同（例如：原地站立、盤腿而坐、單腳在教室跳一圈）。 7. 在白板上畫一個表格，一個標題寫上「慢」，一個標題寫上「快」，讓幼兒做記錄，例如：「什麼動作會使我們的心臟跳很快？」「做什麼動作我們的心臟跳很慢？」將所有的答案都寫下來。 8. 和幼兒討論脈搏的跳動快慢要如何才能改變，問：「什麼時候心臟會跳得比較快也比較強？可以做些什麼事才能讓心跳變快？做些什麼才會回復？如果心臟跳得很快，要如何做才能使它慢下來？」					

評量結果：4 代表達成該項目標 75%以上，3 代表達成該項目標 50%～75%，
  2 代表達成該項目標 25%～50%，1 代表未達成該項目標 25%。

學習目標：共 7 項，通過項目（指評量較好或很好）共＿＿＿項。

針對特殊幼兒所做的調整：能跟著老師做動作。

延伸活動：教導快及慢的概念。

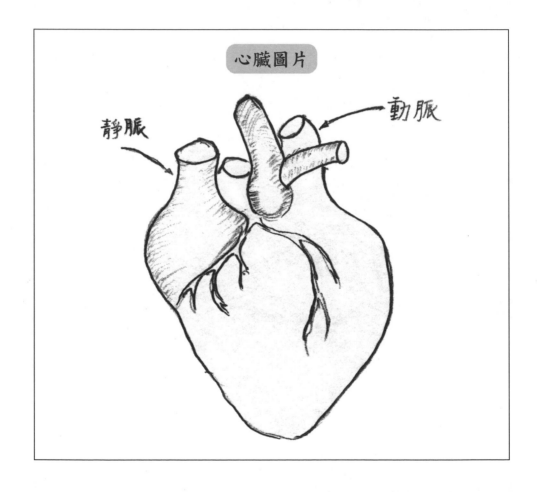

神祕的洞

學習經驗：分類、聽及理解、說。

材料：白板筆、白板、圖片。

教學內容	學習目標	評量結果			
		不會 1	尚可 2	較好 3	很好 4
1. 老師先講一個故事：「小珍今天很高興，因為她今天來到了外婆家，她好喜歡到外婆家附近探險，她最愛的一個地方是後院附近的一塊空地，在那裡她總是可以找到新奇的東西。今天一到外婆家後，她就跑到後院去東找找西看看，當她走到那塊空地時，她好驚訝地上有一個好大的洞，洞旁邊有好多的東西。」詢問幼兒曾在哪兒看過洞？把圖片舉高，問幼兒在圖片中看到些什麼東西。 2. 小珍對於那個神祕的大洞覺得好好奇。問幼兒：你們想想地上的那個大洞是怎麼來的呢？仔細的看圖片，看看你們是否可以找出一些線索？ 3. 繼續故事：「那天傍晚，她靜靜地坐著，很努力的在想，洞到底是動物挖的？還是人挖的呢？」鼓勵幼兒幫助小珍找出答案，讓幼兒討論，並在白板上寫出是動物或是人挖的原因。 4. 最後請幼兒將畫著色。	1. 能聆聽老師說故事。 2. 能說出曾在哪兒看過洞。 3. 能說出圖片內容。 4. 能說出洞是如何形成的。 5. 能說出洞是人挖的。（因為看到鏈子） 6. 能將畫著色。				

評量結果：4 代表達成該項目標 75%以上，3 代表達成該項目標 50%～75%，
　　　　　　2 代表達成該項目標 25%～50%，1 代表未達成該項目標 25%。

學習目標：共 6 項，通過項目（指評量較好或很好）共＿＿＿項。

針對特殊幼兒所做的調整：能傾聽。

延伸活動：「蟲蟲看天下」（請見下一個活動）。

圖片

學習經驗：聽及理解、說、經驗及表達想法。

材料：紙、蠟筆。

教學內容	學習目標	評量結果			
		不會 1	尚可 2	較好 3	很好 4
1. 告訴幼兒：「我們是蝴蝶，喜歡飛上飛下、到處遨遊。但是有一天，小貓趁著我們晚上睡覺時把我們的翅膀剪掉了！雖然翅膀還會再長出來，不過在此之前，我們都只能在地上爬而已。」 2. 「以前我們在天空上時不知道地面上有哪些小動物，因為貓、兔子等比較大，所以比較容易看到。」詢問幼兒：「仔細想想，我們在地上時還會看到哪些動物呢？」 3. 再問幼兒：「我們在地上爬的時候，所看到的事物和在天空飛時看到的有什麼不一樣？」鼓勵幼兒多思考，並且聆聽其他幼兒的看法。 4. 請幼兒蹲在地上，問幼兒他們蹲在地上時看到些什麼？ 5. 發下紙和蠟筆，請幼兒畫出他們蹲在地上時所看到的事物，並請他們分享。	1. 能說出住在地上的小動物或昆蟲。 2. 能說出在地上爬及在天空飛時看到的動物有何不同。 3. 能蹲在地上並說出看到些什麼。 4. 能畫出蹲在地上時所看到的事物。				

評量結果：4 代表達成該項目標 75%以上，3 代表達成該項目標 50%～75%，2 代表達成該項目標 25%～50%，1 代表未達成該項目標 25%。

學習目標：共 4 項，通過項目（指評量較好或很好）共＿＿＿項。

針對特殊幼兒所做的調整：能跟著做動作。

延伸活動：介紹蝴蝶。

石頭、水、空氣

學習經驗：聽及理解、說、經驗及表達想法、科學。

材料：塑膠袋、管子、小石頭、鉛筆、裝有水的容器、裝滿空氣的塑膠袋。

教學內容	學習目標	評量結果			
		不會 1	尚可 2	較好 3	很好 4
1. 告訴幼兒：「假設我們是科學家，科學家觀察事物很仔細，而且也會做實驗，所以我們現在來做三種不同的科學實驗。」 2. 發給每位幼兒三個塑膠袋、三根管子、一顆小石頭，讓幼兒分別將小石頭放進袋子裡，再倒水進去，然後將塑膠袋綁起來，說：「現在我們來做實驗，大家看我的神祕袋（裝滿空氣的袋子）！你們知道這裡頭裝的是什麼嗎？你們看得到是什麼嗎？摸摸看，有東西在裡面嗎？你們覺得那是什麼？」鼓勵幼兒多討論。 3. 再讓幼兒吹空氣進袋子裡，然後綁起來。「你們剛才看到什麼東西進袋子裡呢？」「空氣！對了！」「科學家說空氣就是一種氣體。我們發現我們看不見空氣，所以科學家說空氣是看不見的。」 4. 拿著裝有小石頭的塑膠袋，問：「大家看到小石頭嗎？」	1. 能說出裝在塑膠袋裡的是什麼。 2. 能吹氣到塑膠袋。 3. 能說出水加入顏色的變化。 4. 能說石頭不會改變形狀。 5. 能說出固體和固體之間不能輕易穿透，例如：鉛筆不能穿過石頭。 6. 能說出固體能穿透氣體，例如：筆能在空氣中移動。 7. 能說出固體可以穿過液體，例如：筆能在水中移動。 8. 能分辨氣體、固體及液體是否看得見及形狀會不會改變。 9. 能分辨木頭、牛奶、粉筆、咖啡等何者為液體、固體或氣體。 10. 能說出謎語的答案。				

教學內容	學習目標	評量結果			
		不會1	尚可2	較好3	很好4
（科學家說石頭是固體的，你們看得見固體嗎？固體是看得見的）接著讓幼兒凝視裝滿水的袋子，說：「水是液體的，你們看得見液體嗎？」（科學家說，液體有些是看得見的，但是有些是看不見的）加入顏色，讓幼兒討論其變化。 5. 接著說：「我們已經發現固體、液體、氣體，有些是看得見的，有些是看不見的。現在，我們來做個實驗，看這些物質的形狀到底是如何。」讓幼兒打開裝滿空氣的袋子，問：「裡面還有空氣嗎？空氣跑到哪去了？」鼓勵幼兒討論，然後解釋： 　(1)讓幼兒打開裝有小石頭的袋子，問：「小石頭有改變形狀嗎？」和幼兒討論，討論完告訴幼兒，科學家說：「固體不會因此改變形狀。」 　(2)讓幼兒將水倒入大容器中，問：「現在水的形狀有改變嗎？」解釋：「液體會根據容器的不同而改變形狀，水和小石頭不一樣。」 　(3)請幼兒拿一枝筆在空氣中揮動，和幼兒討論：「為什麼筆可以在空氣當中揮動呢？」					

教學內容	學習目標	評量結果			
		不會 1	尚可 2	較好 3	很好 4
(4)「你可以使鉛筆穿過石頭嗎？」討論並解釋：「科學家說固體和固體之間是不能輕易穿透過的。」 (5)問幼兒是否可以在水中移動鉛筆，實驗後問幼兒：「固體也可以穿過液體囉？對吧？」讚賞大家都是最棒的科學家。 6.告訴幼兒今天學到了很多關於不同物質之間有趣的事實。 7.在黑板寫下：固體、氣體、液體，和幼兒討論物質中特別的地方： (1)氣體：看不見、形狀會改變、固體能穿過，例如：筆能在空氣中移動。 (2)固體：看得見，形狀不會改變，固體很難穿過。 (3)液體：有些看得見，有些看不見，形狀會改變，物體能穿透過。 說：「老師現在說一些東西，大家來判斷他們是液體、氣體還是固體。」例如：木頭、牛奶、粉筆、咖啡等。 8.說：「我們來猜謎」。 (1)我是一種液體，白白的，喝下去會讓你的骨骼長強壯。（牛奶）					

教學內容	學習目標	評量結果			
		不會 1	尚可 2	較好 3	很好 4
(2)我是一種氣體，小朋友們超愛我的，把我放進氣球裡面，就可以讓氣球飛高高。（氦） (3)我是一種固體，我能讓彼此距離很遙遠的人們說話聊天。（電話）					

評量結果：4 代表達成該項目標 75%以上，3 代表達成該項目標 50%～75%，
　　　　　2 代表達成該項目標 25%～50%，1 代表未達成該項目標 25%。

學習目標：共 10 項，通過項目（指評量較好或很好）共＿＿＿項。

針對特殊幼兒所做的調整：能倒水及做實驗。

延伸活動：「土壤冒險家」（請見下一個活動）。

土壤冒險家

學習經驗： 分類、說、科學。

材料： 小圓鍬、木桶、土、報紙、放大鏡。

教學內容	學習目標	評量結果			
		不會 1	尚可 2	較好 3	很好 4
1. 帶幼兒到戶外，用圓鍬挖土裝滿一桶，將土倒在報紙上面，鼓勵幼兒去觀察土壤裡頭的東西，例如：蚯蚓、螞蟻等。使用放大鏡，讓每位幼兒觀察土壤中的東西。 2. 讓每一位幼兒分享他們所發現的東西，並且問他們一些問題：「你會怎麼形容土壤呢？」「你在裡面發現了什麼？」「你覺得土壤摸起來感覺如何」「在土壤裡面，你們發現了什麼顏色？」 3. 鼓勵幼兒回想發現的東西，有什麼不同的地方嗎？例如：發現的東西有哪些是植物類的（如草、樹葉、根、種子）？發現的東西哪些是動物類的（如昆蟲、蚯蚓）？發現的東西哪些是沒有生命的（如釘子、石頭）？ 4. 活動之後把場地收拾乾淨，問：「你們認為這些土和剛才那些土一樣嗎？如果我們從海灘搬一些土過來，和這些土比起來有什麼不同呢？」幫助幼兒了解、從不同地方挖過來的土在顏色、質地以及一些內藏的東西有什麼不同。	1. 能用圓鍬挖土。 2. 能用放大鏡觀察土壤。 3. 能仔細觀察土壤並回答看到了什麼（顏色）。 4. 能將在土壤所發現的東西加以分類。 5. 能說出海灘和戶外之土壤在顏色、質地有何不同。				

評量結果：4 代表達成該項目標 75%以上，3 代表達成該項目標 50%～75%，
　　　　　　2 代表達成該項目標 25%～50%，1 代表未達成該項目標 25%。

學習目標：共 5 項，通過項目（指評量較好或很好）共＿＿＿項。

針對特殊幼兒所做的調整：能摸土。

延伸活動：安排種花的活動。

縮小之物

學習經驗： 主動學習、聽及理解、說、經驗及表達想法、社會學習、科學。

材料： 剪刀、蠟筆、鉛筆、蠟燭、磁鐵、橡皮擦、白板擦、一張寫有每一位幼兒名字的紙（用鉛筆寫）、寫有幼兒名字的白板。

教學內容	學習目標	評量結果			
		不會 1	尚可 2	較好 3	很好 4
1. 拿出事先寫有每一位幼兒名字的紙，將紙放在桌上，讓每一個幼兒用橡皮擦把自己的名字擦掉，問：「橡皮擦在使用前後有什麼不同呢？」鼓勵幼兒討論，了解橡皮擦使用後會變小。 2. 拿白板擦把寫在白板上自己的名字擦掉，問：「白板擦變小了嗎？」幫助幼兒了解白板擦還是一樣不會變。 3. 問幼兒：「為什麼橡皮擦會變小，而白板擦不會呢？」幫助幼兒觀察留在紙上的橡皮擦屑，但當我們在使用白板擦時，白板擦不會磨損（至少我們肉眼是看不見的）。 4. 拿出剪刀、蠟筆、鉛筆、蠟燭及磁鐵，這些東西有些當我們使用它時會變小，有些則不會，問：「當使用蠟燭時，蠟燭的一部分會留在紙上嗎？」「當使用剪刀剪紙時，剪刀的一部分會留在紙上嗎？」發給每一組幼兒剪刀、蠟筆、鉛筆、蠟燭及磁鐵，讓幼兒把它們分成兩類。	1. 能說出橡皮擦使用後會愈來愈小。 2. 能說出白板擦使用後不會變小。 3. 能說出有些東西會縮小而有些不會的原因。 4. 能將物品按其使用後會不會縮小來分類。 5. 能說出物品使用後會縮小或不會縮小。				

教學內容	學習目標	評量結果			
		不會 1	尚可 2	較好 3	很好 4
5. 最後讓幼兒回想：哪些物品使用後會變小？哪些物品使用後不會變小？					

評量結果：4 代表達成該項目標 75% 以上，3 代表達成該項目標 50%～75%，
　　　　　2 代表達成該項目標 25%～50%，1 代表未達成該項目標 25%。

學習目標：共 5 項，通過項目（指評量較好或很好）共＿＿項。

針對特殊幼兒所做的調整：能說出物品名稱，例如：剪刀。

延伸活動：「放大鏡」（請見下一個活動）。

放大鏡

學習經驗：主動學習、聽及理解、說、經驗及表達想法、社會學習、科學。

材料：放大鏡、紙盒、報紙。

教學內容	學習目標	評量結果			
		不會 1	尚可 2	較好 3	很好 4
1. 讓幼兒動動自己的眼睛，用眼睛來觀察周遭環境。 2. 介紹放大鏡的名稱、功能、使用方法及注意事項。 3. 發給幼兒每人一把放大鏡，請幼兒到戶外場花圃附近觀察泥土、花、草、小昆蟲等。 4. 讓幼兒將在泥土中找到的小昆蟲等放入紙盒內觀察，並與同伴分享，說出觀察內容。 5. 老師再介紹另一項放大鏡的功能——蒐集光，並說明蒐集光的方法：在距離地（紙）面十公分的地方拿取放大鏡，檢查光是否集中在某一點處（讓幼兒離紙遠一些，並觀察紙會有何變化）。	1. 能指出自己的眼睛在哪裡。 2. 能用眼睛觀察周遭，例如：眼睛可看東西……。 3. 能說出放大鏡的名稱。 4. 能說出放大鏡的功能。 5. 能正確操作放大鏡。 6. 能主動帶著放大鏡觀察周遭事物。 7. 能專心觀察 10 分鐘以上。 8. 能將觀察的東西與同伴分享。 9. 能將在泥土中找到的小昆蟲等放入紙盒內觀察。 10. 能說出觀察的內容。 11. 能正確操作放大鏡蒐集光和熱的方法。 12. 能發現紙會燃燒。 13. 能協助收拾整理。				

評量結果：4 代表達成該項目標 75%以上，3 代表達成該項目標 50%～75%，
　　　　　2 代表達成該項目標 25%～50%，1 代表未達成該項目標 25%。

學習目標：共 13 項，通過項目（指評量較好或很好）共＿＿項。

針對特殊幼兒所做的調整：能使用放大鏡。

延伸活動：「放大鏡、縮小鏡」（請見下一個活動）。

放大鏡、縮小鏡

學習經驗：主動學習、聽及理解、說、經驗及表達想法、社會學習、科學。
材料：放大鏡、縮小鏡、彩豆數顆。

教學內容	學習目標	評量結果			
		不會 1	尚可 2	較好 3	很好 4
1. 介紹放大鏡及縮小鏡的用法，讓幼兒能用放大鏡觀察物品、發芽的綠豆、字、別人的眼睛。 2. 讓幼兒描述使用放大鏡看到的情形。 (1)觀察戶外。 (2)觀察彩豆。 3. 畫畫。	△觀察及描述一些變化（科學4）： 1. 能分辨東西變大還是變小。 2. 能依觸覺摸出縮小鏡為凹透鏡。 3. 能依觸覺摸出放大鏡為凸透鏡。 4. 能正確使用放大鏡。 5. 能自行使用放大鏡觀察戶外場之物（例如：樹葉……）。 6. 能描述看到的事物。 △經由操作了解物體之間的關係（主動學習3）： 7. 能說出用放大鏡看會把物品變大。 8. 能將彩豆數量放大好幾倍。 ○→○○○○ ○○→○○○○○○ 9. 能用放大鏡觀察物品後畫出來。				

評量結果：4代表達成該項目標75%以上，3代表達成該項目標50%～75%，2代表達成該項目標25%～50%，1代表未達成該項目標25%。
學習目標：共9項，通過項目（指評量較好或很好）共＿＿項。
針對特殊幼兒所做的調整：能使用放大鏡。
延伸活動：將放大鏡放在角落讓幼兒探索。

浮起來了

學習經驗：分類、主動學習、說、科學。

材料：各種紙（色紙、玻璃紙、報紙）、保麗龍球、彈珠、石頭、木頭、水桶、水。

教學內容	學習目標	評量結果			
		不會 1	尚可 2	較好 3	很好 4
1. 向幼兒介紹老師準備的各種材料，請幼兒用手觸、握、拿。 2. 請幼兒比較各種材料的重量並直接將材料放入水桶中，觀察其浮沉現象。 3. 將會浮的材料放一邊，會沉的材料放另一邊。	1. 能用手觸、握、拿材料後說出何者最重、何者最輕。 2. 能主動拿材料操作實驗。 3. 能在操作過程中說出哪些材料會浮起來。 4. 能在操作過程中說出哪些材料會沉下去。 5. 能將會浮的材料放一邊，會沉的材料放一邊。				

評量結果：4 代表達成該項目標 75%以上，3 代表達成該項目標 50%～75%，2 代表達成該項目標 25%～50%，1 代表未達成該項目標 25%。

學習目標：共 5 項，通過項目（指評量較好或很好）共＿＿項。

針對特殊幼兒所做的調整：能分辨材料輕重。

延伸活動：「誰先沉下去」（請見下一個活動）。

誰先沉下去

學習經驗：分類、主動學習、說、經驗及表達想法、科學。

材料：水、水桶、玻璃紙、報紙、亮光紙、衛生紙、棉紙、縐紋紙、膠水、
圖畫紙、抹布。

教學內容	學習目標	評量結果			
		不會 1	尚可 2	較好 3	很好 4
1. 老師先呈現各種紙給幼兒看，並讓幼兒說出材料名稱，讓幼兒用手觸摸及感覺各類紙張之觸感。 2. 老師將各種材料一一放進水桶中，讓幼兒觀察紙張在水中因吸水而下沉之快慢順序。 3. 讓幼兒將最先沉下去及最後沉下去的材料用膠水貼在圖畫紙上（貼尚未下水之材料）。	1. 能說出材料名稱（六種）。 2. 能用手去觸摸材料。 3. 能觀察紙張在水中吸水的情形。 4. 能指出衛生紙最快下沉。 5. 能指出玻璃紙最慢下沉。 6. 能親自操作實驗。 7. 能將觀察結果依指示將材料貼在圖畫紙上。 8. 能擦乾桌上的水。				

評量結果：4 代表達成該項目標 75%以上，3 代表達成該項目標 50%～75%，
2 代表達成該項目標 25%～50%，1 代表未達成該項目標 25%。

學習目標：共 8 項，通過項目（指評量較好或很好）共＿＿項。

針對特殊幼兒所做的調整：能將紙放入水中。

延伸活動：「浮與沉（一）」（請見下一個活動）。

浮與沉（一）

學習經驗：數、分類、科學。

材料：水、水桶、一些小的物品（例如：乒乓球、鑰匙、蠟筆、迴紋針、吸管、橡皮筋、湯匙等）、浮沉卡片、膠水。

教學內容	學習目標	評量結果			
		不會 1	尚可 2	較好 3	很好 4
1. 準備一些小物品，讓幼兒每人選取一樣放在水中，看看在水中是否會浮起來。 2. 讓幼兒把物品分成兩組（一組會浮起來，一組會沉下去）。 3. 請幼兒說出分成兩組的理由。 4. 讓幼兒算出每一組共有多少樣東西，比較兩組東西的多少，把兩組總數加起來。 5. 讓幼兒寫出每組的數目，或用其他方式數出每一個東西的總和。 6. 讓幼兒認識「浮」、「沉」兩字，將浮起來的物品貼上「浮」字，沉下去的物品貼上「沉」字。	1. 能將物品放在水中。 2. 能將物品分成兩組（一組會浮起來，一組會沉下去）。 3. 能說出分成兩組的理由。 4. 能說出每一組有多少樣東西。 5. 能比較兩組東西的多少。 6. 能把兩組的總數加起來。 7. 能寫出每組的數目。 8. 能將浮起來的物品貼上「浮」字，沉下去的物品貼上「沉」字。				

評量結果：4 代表達成該項目標 75%以上，3 代表達成該項目標 50%～75%，2 代表達成該項目標 25%～50%，1 代表未達成該項目標 25%。

學習目標：共 8 項，通過項目（指評量較好或很好）共＿＿＿項。

針對特殊幼兒所做的調整：能將物品放入水中。

延伸活動：「浮與沉（二）」（請見下一個活動）。

浮與沉（二）

學習經驗：主動學習、聽及理解、寫、科學。

材料：十種常用物品（鉛筆、海綿、尺、球、剪刀、湯匙、錢幣、竹筷、不鏽鋼筷、雞蛋）、筆、紀錄紙、水、水桶、鹽巴、毛巾或衛生紙。

教學內容	學習目標	評量結果			
		不會 1	尚可 2	較好 3	很好 4
1. 請幼兒在教室（角落）內找到任何一物，放在水桶內觀察沉或浮。 2. 發給每位幼兒十種東西（事前準備），請幼兒嘗試將物品一一放入水桶內，並記錄物品的沉或浮。 3. 討論紀錄內容，詢問幼兒雞蛋放在水裡會不會浮起來。 4. 老師再一次將一顆雞蛋放入水中，雞蛋沉入水底。現在老師要讓雞蛋可以浮起來。 5. 老師將少許鹽巴加入水中，雞蛋就浮起來了。 6. 老師解釋，因為加入鹽巴後，水的密度變大了，比雞蛋還要大，因此雞蛋會浮起。 7. 請幼兒說出雞蛋浮起來的理由。	1. 能自己找東西。 2. 能將物品放入水桶中。 3. 能說出自己放的物品是浮或沉。 4. 能清點自己接收的物品是否齊全。 5. 能將物品放入水中。 6. 能正確記錄物品的浮或沉。 7. 能說出十種物品中沉與浮的數量。 8. 能說出哪些物品會浮起。 9. 能說出雞蛋會沉下去。 10. 能說出加入鹽巴，所以雞蛋會浮起來。				

評量結果：4 代表達成該項目標 75%以上，3 代表達成該項目標 50%～75%，2 代表達成該項目標 25%～50%，1 代表未達成該項目標 25%。

學習目標：共 10 項，通過項目（指評量較好或很好）共____項。

針對特殊幼兒所做的調整：能將物品放入水中。

延伸活動：「沉船」（請見下一個活動）。

沉船

學習經驗：分類、說、經驗及表達想法、科學。

材料：紙（一人一張）、樹葉、松果、花瓣、樹枝、空的汽水瓶。

教學內容	學習目標	評量結果			
		不會 1	尚可 2	較好 3	很好 4
1. 老師對幼兒說一個故事：「我們打敗了海盜船的海盜，現在我們正坐著他們的船在遼闊的大海上航行，突然風雨交加，船不停的前後搖擺著，而且還觸礁了，很快的，船變得支離破碎，但很幸運的是，我們被沖到了一個沒有人住的小島。島上有樹、森林還有野草莓和漂亮的花，這時候，我們撿到了一個空瓶子，我們想寫點什麼放進去瓶中，再丟到海上求救，可是沒有筆。小朋友們，老師發現花瓣或許可以用來寫字，你們想一想，在森林中可能還有一些什麼東西可以用呢？」 2. 拿出樹葉、花瓣等物，對幼兒說：「這些是從小島找出來的東西，請問用哪些寫字比較好呢？」讓幼兒猜猜看。 3. 將這些物品弄濕，再請幼兒想想哪些物品應該是乾的？還是濕的較好？讓幼兒將不同的物品放在紙上試試看。濕的還是乾的較好！	1. 能說出島上可以找到的東西。 2. 能說出哪些可以寫字。 3. 能預測某項物品是要變成濕的還是保持乾燥。 4. 能描述松果濕的時候，看起來有什麼不同。 5. 能描述花瓣濕的時候，看起來有什麼不同。 6. 能運用實驗的結果來完成故事的結局。				

教學內容	學習目標	評量結果			
		不會 1	尚可 2	較好 3	很好 4
4. 讓幼兒看實驗的結果：「松果濕的時候，看起來有什麼不同？」「花瓣濕的時候有什麼改變呢？」讓幼兒說出他們選擇某物品乾或濕的理由。 5. 問幼兒：「你們覺得故事應該有什麼結果呢？」讓幼兒分享各種故事的結局。					

評量結果：4 代表達成該項目標 75%以上，3 代表達成該項目標 50%～75%，2 代表達成該項目標 25%～50%，1 代表未達成該項目標 25%。

學習目標：共 6 項，通過項目（指評量較好或很好）共＿＿項。

針對特殊幼兒所做的調整：能說出物品的名稱。

延伸活動：「水位上升了」（請見下一個活動）。

水位上升了

學習經驗：主動學習、科學。

材料：石頭、彈珠、水、布丁杯、抹布、透明杯子。

教學內容	學習目標	評量結果			
		不會 1	尚可 2	較好 3	很好 4
1. 老師說一個烏鴉喝水的故事，讓幼兒知道聰明的烏鴉是靠石頭讓水位上升才喝的到水。 2. 老師將兩個透明杯子裝入等量的水，並在其中之一放入石頭讓水位上升，讓幼兒觀察水位上升之現象，並比較兩杯水的水位不同和原因。 3. 發給每個幼兒一個布丁杯，並在杯子中裝入適量的水，讓幼兒親自操作並數一數自己放入的石頭或彈珠數目，最後讓幼兒用抹布擦溢出來的水。	1. 能安靜聆聽老師說故事（3分鐘）。 2. 能仔細觀察老師所做之實驗。 3. 能比較兩杯水（一杯加入石頭）水位之不同。 4. 能說出兩杯水不同高度之原因。 5. 能親自操作實驗。 6. 能說出自己放入幾顆石頭。 7. 能將桌面擦乾淨。				

評量結果：4 代表達成該項目標 75%以上，3 代表達成該項目標 50%～75%，2 代表達成該項目標 25%～50%，1 代表未達成該項目標 25%。

學習目標：共 7 項，通過項目（指評量較好或很好）共＿＿＿項。

針對特殊幼兒所做的調整：能將石頭放入杯子內。

延伸活動：洗澡時觀察浴缸水位的上升情形。

學習經驗：主動學習、說、科學。

材料：4個大小相同的罐子、膠帶、筆、報紙、小圓鍬。

教學內容	學習目標	評量結果			
		不會 1	尚可 2	較好 3	很好 4
1. 問幼兒：「今天的天氣如何？」鼓勵幼兒用適當的形容詞形容，例如：冷、涼爽、下雨、大太陽。 2. 在地上鋪好報紙，分給每一位幼兒一個小圓鍬，讓幼兒仔細觀察土壤，再問：「氣象學家是什麼人呢？」如果幼兒不會回答，又問：「那氣象預報者是什麼人呢？」讓幼兒了解氣象學家就是研究天氣並且告訴我們天氣會如何的人。把報紙上的氣象預報唸給幼兒聽：「氣象預報告訴我們明天的天氣會怎樣呢？」 3. 告訴幼兒：「我們也要來研究天氣，氣象學家有一任務就是測量雨量，可用來幫助了解天氣，我們也來試試看吧！」 4. 拿出4個罐子讓幼兒將罐子放在學校各個不同的地方，告訴幼兒：「讓我們看看在不同地方的罐子內接到的雨水有什麼不同。」在4個罐子上做記號，等待下雨的量。	1. 能使用天氣的形容詞。 2. 能回想和描述氣象報告。 3. 能說出不同罐子中雨量的差異（哪一個罐子的雨量較多）。 4. 能說出不同罐子中雨量不同的原因。				

教學內容	學習目標	評量結果			
		不會 1	尚可 2	較好 3	很好 4
5. 下雨後讓幼兒比較4個罐子內水量的不同，可使用量杯測量。 6. 問：「為什麼每一罐的雨量不同呢？」「為什麼有些罐子的水比較多呢？」「如果雨下的大些，會得到什麼結果？」「在樹下會有雨水嗎？」「在溜滑梯下會有雨水嗎？」「在學校的雨水比較多、還是在空曠地方的雨水比較多？」					

評量結果：4 代表達成該項目標 75%以上，3 代表達成該項目標 50%～75%，2 代表達成該項目標 25%～50%，1 代表未達成該項目標 25%。

學習目標：共 4 項，通過項目（指評量較好或很好）共＿＿項。

針對特殊幼兒所做的調整：能說出今天有沒有下雨。

延伸活動：看電視的氣象報告。

學習經驗：主動學習、聽及理解、說、經驗及表達想法、照顧自己的需要。

材料：做蛋糕的材料（例如：麵粉、水、糖、蘇打粉）、小烤箱、碗、湯匙。

教學內容	學習目標	評量結果			
		不會 1	尚可 2	較好 3	很好 4
1. 告訴幼兒：「今天我們要來做蛋糕，通常蛋糕都是依據配方去做的，但是今天我們要用自己的方法做，每一個人都會有一個屬於自己的特別蛋糕。」讓幼兒說出蛋糕需要哪些材料，然後，將準備的材料拿給幼兒看，和幼兒討論每一種材料的用途是什麼。 2. 讓幼兒想想他們要用哪一種材料、用多少分量來做自己的蛋糕。讓每個幼兒都有說明的機會，預測自己做出來的蛋糕是什麼樣子，例如：「你想混合出來的材料味道會是很濃還是味道會很清淡呢？味道會很甜還是不太甜呢？烤了以後材料會變鬆軟還是變紮實呢？」 3. 給每位幼兒一個碗、一支湯匙，讓幼兒取自己分量的材料，並且記錄他們的「食譜」，鼓勵幼兒說出量杯上材料分量的刻度（在紙模型上寫上每一位幼兒的名字），讓幼兒將自己的材料混合攪拌注入模型後放入烤箱（烤箱溫度設定為350度，5分鐘後檢查看看）。	1. 能說出幾個基本烤蛋糕所需的材料。 2. 能想出一套食譜並預測其結果會如何。 3. 能測量所需的分量並且告訴老師。 4. 能說出蛋糕烤過後的變化。				

教學內容	學習目標	評量結果			
		不會 1	尚可 2	較好 3	很好 4
4.烤好蛋糕等溫度稍涼後，請幼兒觀察並說出： ・混合過的蛋糕烤過有什麼變化？ ・每一個人的蛋糕看起來有什麼不同？吃起來感覺如何？ ・每一種材料的分量（例如：麵粉多、糖多）吃起來會有什麼不同呢？分享自己的配方，讓幼兒看看誰的蛋糕比較好吃。					

評量結果：4 代表達成該項目標 75%以上，3 代表達成該項目標 50%～75%，2 代表達成該項目標 25%～50%，1 代表未達成該項目標 25%。

學習目標：共 4 項，通過項目（指評量較好或很好）共＿＿項。

針對特殊幼兒所做的調整：能幫忙拿材料。

延伸活動：與點心時間配合，比較市面上的生日蛋糕和自己做的蛋糕有何不同。

輪胎為什麼是圓的

學習經驗：聽及理解、說、科學。

材料：玩具車、積木（圓柱、三角柱、正方體）、球、斜坡（長型積木）。

教學內容	學習目標	評量結果			
		不會 1	尚可 2	較好 3	很好 4
1. 先讓幼兒觀察玩具車的輪子，請幼兒用手去撥動車輪，再將車子放到桌面上滑動，然後拿出積木、球。 2. 在桌面上用相似的力量施力在圓柱、三角柱、正方體的積木和球上，比較滾動的情形。 3. 再將長型積木傾斜放置，由幼兒試驗，將各種形狀的物品放置在傾斜之斜坡上面，觀察下滑的速度，何者快（因球體物品滾動時方向不定，雖然滾動得快，卻不如圓柱體滾動得平穩，故車子的輪胎是呈圓柱狀而非球形）。	1. 能用手撥動車輪。 2. 能將積木及球放在桌面上移動。 3. 能觀察圓柱、三角柱、正方體的積木和球在桌面上移動的情形。 4. 能將各種形狀的物品放至斜坡上試驗其移動狀況。 5. 能說出各種形狀的物品在斜坡上移動的快慢。 6. 能說出為何圓柱體滾動較平穩。 7. 能說出輪胎是圓柱狀。				

評量結果：4 代表達成該項目標 75%以上，3 代表達成該項目標 50%～75%，2 代表達成該項目標 25%～50%，1 代表未達成該項目標 25%。

學習目標：共 7 項，通過項目（指評量較好或很好）共＿＿＿項。

針對特殊幼兒所做的調整：能滾動車子。

延伸活動：將各種玩具車放在角落讓幼兒探索。

電的遊戲

學習經驗：主動學習、聽及理解、經驗及表達想法、科學。

材料：電池、發條玩具、電池玩具。

教學內容	學習目標	評量結果			
		不會 1	尚可 2	較好 3	很好 4
1. 老師以發條玩具和電池玩具來引發幼兒的學習動機。 2. 老師轉動發條玩具和裝上電池的玩具並按下開關，使兩者一起啟動，待發條玩具停止活動時，問幼兒其停止之原因。 3. 解剖發條玩具並解說其活動原理，讓幼兒明白發條玩具的活動須依賴轉動發條。 4. 介紹電池的功能及安裝電池的注意事項（例如：正、負極的不同）。 5. 請幼兒發表操作電池玩具和發條玩具的心得，並比較其不同處。	1. 能安靜聆聽教學內容。 2. 能發表電池玩具和發條玩具的不同處（不論答對與否）。 3. 能正確指出哪一個是發條玩具，哪一個是電池玩具。 4. 能說出發條玩具是靠發條的轉動來維持活動力。 5. 能正確的安裝電池。 6. 能發表安裝或轉動發條玩具的心得。				

評量結果：4 代表達成該項目標 75%以上，3 代表達成該項目標 50%～75%，2 代表達成該項目標 25%～50%，1 代表未達成該項目標 25%。

學習目標：共 6 項，通過項目（指評量較好或很好）共＿＿項。

針對特殊幼兒所做的調整：能玩玩具。

延伸活動：將教室角落的玩具分成裝電池及上發條兩類。

學習經驗：主動學習、說、經驗及表達想法、科學。

材料：醋、牛奶、蛋、豆漿、小湯匙、碟子數個。

教學內容	學習目標	評量結果			
		不會 1	尚可 2	較好 3	很好 4
1. 老師先將材料列出，請幼兒利用小湯匙舀牛奶、蛋及豆漿到不同的碟子內。 2. 請幼兒發表說出嚐到的味道如何。 3. 在牛奶、蛋及豆漿中加入醋，觀察牛奶、蛋、豆漿的實驗變化。 4. 比較牛奶、蛋及豆漿加入醋前後的變化。	1. 能舀牛奶、蛋及豆漿到不同的碟子內。 2. 能嚐嚐碟子內的東西。 3. 能說出嚐到的是什麼。 4. 能在牛奶、蛋及豆漿中加入醋。 5. 能說出牛奶、蛋、豆漿加了醋產生的變化。 6. 能說出實驗前後的變化： (1)實驗前：水水的豆漿和牛奶、有殼的雞蛋。 (2)實驗後：豆漿和牛奶凝結了。蛋殼會溶解醋，而使雞蛋變得很有彈性，可以在地上滾。				

評量結果：4 代表達成該項目標 75%以上，3 代表達成該項目標 50%～75%，
2 代表達成該項目標 25%～50%，1 代表未達成該項目標 25%。

學習目標：共 6 項，通過項目（指評量較好或很好）共＿＿項。

針對特殊幼兒所做的調整：能說出牛奶、蛋及豆漿的名稱。

延伸活動：將實驗後的牛奶、蛋及豆漿的變化拍照貼出來。

發酵的小實驗

學習經驗：主動學習、說、社會學習、科學。

材料：發酵粉、糖、杯子（2 個）、水、竹筷、麵粉、紗布、麵包。

教學內容	學習目標	評量結果			
		不會 1	尚可 2	較好 3	很好 4
1. 老師拿麵包問幼兒：「這是什麼？你們是否吃過？」 2. 剝開麵包讓幼兒仔細觀察後再問幼兒發現了什麼？ 3. 老師拿出裝滿糖的杯子，問幼兒這是什麼？並讓幼兒嚐味道。 4. 再拿出發酵粉，讓幼兒嚐嚐看。 5. 請幼兒將糖倒入一個空的杯子中，再加入發酵粉。 6. 將已準備好的半杯清水倒於杯中攪拌。 7. 觀察杯中變化。 8. 再以同樣的方法與麵粉一起搓揉。 9. 將濕的紗布覆蓋於麵糰上方。 10. 讓幼兒觀察並討論。	1. 能參與討論。 2. 能說出麵包剝開表面有小洞。 3. 能說出甜甜的是糖。 4. 能說出嚐發酵粉的感覺。 5. 能參與操作活動。 6. 能仔細觀察並說出杯子中的變化。 7. 能參與揉麵糰的活動。 8. 麵糰放了一陣後，能說出麵糰的變化。 9. 經教導後能說出以上兩者的反應都是二氧化碳作用的結果。				

評量結果：4 代表達成該項目標 75%以上，3 代表達成該項目標 50%～75%，2 代表達成該項目標 25%～50%，1 代表未達成該項目標 25%。

學習目標：共 9 項，通過項目（指評量較好或很好）共＿＿＿項。

針對特殊幼兒所做的調整：能分辨麵包與麵粉。

延伸活動：參觀麵包店。

三、數學領域活動

　　此部分的活動是為了檢核及增進幼兒數學能力所設計的課程，對於在數字、數量和形狀的了解和運算上具有特別天賦的幼兒來說，這些都是相當具有挑戰性和趣味性的活動。

　　此部分的每項活動都劃分為四個技巧，每個技巧對數學能力的發展都非常的重要，這樣的劃分有利於教師在活動進行時檢核幼兒的表現。有些幼兒在這些技巧的某些方面，會有很出色的表現，但是從另一方面來說，也有些幼兒會在某些技巧上感到吃力或是缺乏興趣，而需要額外的幫助或鼓勵。

　　在數學領域開頭的三項活動進行後，教師會很清楚幼兒較強或較弱的技巧是在哪一方面，根據這些結果，可以修改其餘的活動以及日常的生活教學，以提供該幼兒最適合的數學能力訓練。

　　數學能力四個技巧的劃分方式如下：

1. 認識數字：能有意義的運用數字，了解口述或文字符號所描述的數量和形狀，具有基本的算術能力。
2. 了解關聯性：能辨認並複製不同模式，能藉著比較、分類和排列順序而了解幼兒是否有數字概念、是否具備抽象和具體運算的能力。
3. 抽象概念：能分辨和了解問題中所隱含的概念。
4. 運用數學：能運用已知的方法去解決新的問題，遇到新的狀況時，知道該運用何種概念去解決。

　　藉著培養幼兒這四種技巧，就能幫助幼兒加強其數學方面的能力。具有數學能力的幼兒，能經由邏輯和逐步漸進的方式學習去解決問題，而成為一個有效率的問題解決者。以下的活動能讓幼兒了解，如何將數學技巧運用在每天的生活中，以及明白數學技巧是可以很實際地多方運用。

學習經驗：數、分類、時間、聽及理解、說、經驗及表達想法、社會學習。

材料：12 支不同顏色的蠟筆、膠帶、全班幼兒的生日名單、生日圖表。

教學內容	學習目標	評量結果			
		不會 1	尚可 2	較好 3	很好 4
1.向幼兒介紹生日圖表： (1)將全班幼兒之生日按出生月份以不同顏色在圖表上填妥，每一個月份用一種顏色代表，每一方塊代表一位幼兒生日。 (2)將圖表貼於幼兒視線所及之處。 (3)向幼兒解說：「每一個人的生日都已按照出生的月份填在圖表上面，如果你是三月生的，老師就在三月份的地方用蠟筆塗滿一格，所以三月份若有四個方格被塗滿，就表示三月份有四個人生日。」 (4)指著圖表，問幼兒：「六月份有多少人生日？」以此類推問完所有月份。不知道的幼兒由老師代為回答。 2.問幼兒： (1)哪一個月份最多人生日？ (2)哪一個月份最少人生日？ (3)有沒有生日人數相同的月份？ (4)五月和六月比較，哪一個月的生日人數較少？	1.能說出圖表上每一月份之壽星人數。 2.能注視圖表回答問題： (1)哪一個月份最多人生日？ (2)哪一個月份最少人生日？ (3)有沒有生日人數相同的月份？ (4)五月和六月比較，哪一個月的生日人數較少？ (5)一月和八月比較，哪一個月的生日人數較多？ (6)九月和十月加起來，總共有多少人生日？ 3.能說出圖表上顏色的方塊總數就是全班幼兒之人數。 4.能說出其他使用圖表計算人數的例子。				

教學內容	學習目標	評量結果			
		不會 1	尚可 2	較好 3	很好 4
(5)一月和八月比較，哪一個月的生日人數較多？ (6)九月和十月加起來，總共有多少人生日？ 3. 問幼兒：「我們班總共有二十個人，那麼圖表上應該塗滿幾個方塊呢？」 4. 拿出一張新的圖表，讓幼兒構思另一個主題來進行類似的活動（例如：性別）。					

評量結果：4 代表達成該項目標 75%以上，3 代表達成該項目標 50%～75%，2 代表達成該項目標 25%～50%，1 代表未達成該項目標 25%。

學習目標：共 4 項，通過項目（指評量較好或很好）共＿＿項。

針對特殊幼兒所做的調整：

　　1. 材料的大小：可將材料放大。

　　2. 月份中的方塊可設計成活動式（可拿取、移動），使幼兒方便計算。

延伸活動：數一數班上有幾位男生及幾位女生。

生日圖表

一月 JANUARY						
二月 FEBRUARY						
三月 MARCH						
四月 APRIL						
五月 MAY						
六月 JUNE						
七月 JULY						
八月 AUGUST						
九月 SEPTEMBER						
十月 OCTOBER						
十一月 NOVEMBER						
十二月 DECEMBER						

學習經驗： 數、分類、主動學習、聽及理解、說、經驗及表達想法。

材料： 湯匙、積木、直尺、鉛筆、橡皮擦、書等各種物品、白板。

教學內容	學習目標	評量結果			
		不會 1	尚可 2	較好 3	很好 4
1. 問幼兒：「通常我們會用什麼來量東西的長度呢？」讓幼兒討論直尺的功用。 2. 告訴幼兒：「今天我們要來量一量這張桌子有多長？」當老師在量的時候，讓幼兒大聲的數，並給予稱讚。 3. 問幼兒：「但是如果我們沒有直尺可以用時，可用什麼東西來代替直尺呢？」把幼兒提供的答案都寫在黑板上，選擇其中一樣來量桌子；當老師在量的時候，讓幼兒大聲的數，並給予稱讚。 4. 要幼兒在教室中找某樣東西，讓幼兒用鉛筆實際量量看，量完後再用橡皮擦或湯匙量量看。 5. 問幼兒：「量一量這張桌子，需要用比較多支鉛筆或是比較多的橡皮擦才能量完？為什麼？」 6. 問幼兒：「為什麼有些東西比較適合用來量？為什麼鉛筆、湯匙、積木、鑰匙是好的量器呢？」讓幼兒有時間討論發表。「橡皮筋、球、毛毛蟲、冰塊或麵條，好量嗎？」告訴幼兒：「好用的	1. 能說出直尺能做什麼。 2. 能使用直尺量物品。 3. 能說出除了直尺外，還可用什麼來量東西。 4. 當老師量時，能大聲數。 5. 能在教室中找出可以量的東西。 6. 能使用鉛筆量物品。 7. 能說出物品長度是幾支鉛筆長。 8. 能使用橡皮擦量物品。 9. 能說出物品長度是幾個橡皮擦長。 10. 能說出需要比較多的鉛筆或是比較多的橡皮擦才能量完？為什麼。 11. 能說出哪些東西比較適合用來量物品及為什麼。 12. 能說出哪些東西比較不適合用來量物品及為什麼。				

教學內容	學習目標	評量結果			
		不會 1	尚可 2	較好 3	很好 4
量器一定是固體的東西，因其形狀不變，線條平坦。」問幼兒：「還有什麼東西容易用來量東西？什麼東西很難用來量東西？」					

評量結果：4 代表達成該項目標 75%以上，3 代表達成該項目標 50%～75%，2 代表達成該項目標 25%～50%，1 代表未達成該項目標 25%。

學習目標：共 12 項，通過項目（指評量較好或很好）共＿＿＿項。

針對特殊幼兒所做的調整：先為他選定好量的工具。

延伸活動：「量一量有幾杯」（請見下一個活動）。

量一量有幾杯

學習經驗：數、主動學習。

材料：各類豆子、湯匙、小托盤、小茶杯、布丁杯、大瓶子、彩色筆、紙。

教學內容	學習目標	評量結果			
		不會 1	尚可 2	較好 3	很好 4
老師先示範一次，舀豆子入小茶杯中，裝滿後倒入布丁杯，並在紙上畫一個小杯子做記號。之後，在布丁杯裝滿後倒入大瓶子，並在大瓶子下之紙上畫一個布丁杯做記號。	1. 能用湯匙將豆子舀入小茶杯中。 2. 能在小茶杯裝滿後倒入布丁杯中。 3. 將小茶杯之豆子倒入布丁杯後，能在紙上畫一個小杯子做記號。 4. 能在裝滿布丁杯後倒入大瓶子中。 5. 將布丁杯倒入大瓶子後，能在紙上畫一個布丁杯做記號。 6. 能說出自己所畫的小茶杯共有幾個。 7. 能說出大家所畫的布丁杯共有幾個。 8. 能說出自己倒了幾個小茶杯後等於一個布丁杯。 9. 能說出 10 個布丁杯的豆子等於一個大瓶子的豆子。 10. 能有大小的觀念（例如：小杯、大杯）。				

評量結果：4 代表達成該項目標 75%以上，3 代表達成該項目標 50%～75%，2 代表達成該項目標 25%～50%，1 代表未達成該項目標 25%。

學習目標：共 10 項，通過項目（指評量較好或很好）共＿＿項。

針對特殊幼兒所做的調整：能舀豆子並倒到布丁杯。

延伸活動：將各種杯子放在角落讓幼兒學習容量大小的概念。

各式各樣椅子

學習經驗：數、分類、聽及理解、說、社會學習。

材料：10 張椅子、10 位幼兒。

教學內容	學習目標	評量結果			
		不會 1	尚可 2	較好 3	很好 4
1. (1)將 10 張椅子排成一排。 (2)告訴幼兒要玩一種叫做「序列」的遊戲，並且解釋什麼是序列——序列是重複出現的一種規律，「現在我要你們創造某種序列。」讓幼兒猜猜看是什麼序列？ (3)按一女一男一女一男的次序，叫 4 個幼兒出來逐一坐在椅子上，告訴幼兒：「有沒有看出什麼特徵呢？知道的請舉手？」繼續這個活動，一次叫一個人，每一次只能增加一個人，活動繼續時，問幼兒：「我們所進行的，是一種什麼序列？」 (4)進行新的序列，例如：起立、坐下、起立、坐下／面向前、面向後／舉手、放下／站、坐／坐、站。 2. 拿出 4 張椅子，問：「這些椅子可以有多少幼兒玩這個遊戲？」再拿 2 張椅子回來，再問一次問題。 3. 讓幼兒自己構思自己想做的序列，並示範，先以 4 或 5 個幼兒為單位來進行，讓其他	1. 能辨認每一組的椅子數目。 2. 能辨認出序列的規則。 3. 能辨認出新序列的規則。 4. 能說出有幾個幼兒玩遊戲。 5. 能創造出新的序列。 6. 能辨認不顯著的序列。				

教學內容	學習目標	評量結果			
		不會 1	尚可 2	較好 3	很好 4
幼兒根據序列的規則找出下一個是什麼。 4. 進行較不易觀察出來的序列，例如：「黃椅子、紅椅子、黃椅子、黃椅子」，讓幼兒猜猜看下一個是什麼顏色的椅子。					

評量結果： 4 代表達成該項目標 75%以上，3 代表達成該項目標 50%～75%，2 代表達成該項目標 25%～50%，1 代表未達成該項目標 25%。

學習目標： 共 6 項，通過項目（指評量較好或很好）共＿＿項。

針對特殊幼兒所做的調整： 能參與排列給其他人猜。

延伸活動： 建議幼兒用不同的材料來進行序列遊戲，例如：給予幼兒不同形狀及不同顏色的積木，鼓勵幼兒創造自己的序列，讓他人試著去找出其所創造的序列，例如：

△○○◇□ → △○○◇□○

紅黃綠綠紅　　紅黃綠綠紅黃

學習經驗：數、分類、聽及理解、說、經驗及表達想法

材料：2 個骰子、數字卡 1 至 12。

教學內容	學習目標	評量結果			
		不會 1	尚可 2	較好 3	很好 4
1. 將數字卡 1 至 12 混合後，放在一旁。將骰子拿給幼兒看：「等一下，每一個人輪流丟骰子，並說出骰子上的點數總共有多少？」鼓勵幼兒很快說出數字（能不數就看出更佳），讓幼兒按照骰子上的數目找出對應的數字。 2. 問幼兒：「我們剛剛在玩什麼呢？」解釋：「我們在玩和骰子之點數相同的數字遊戲，如果說老師的口袋裡有 5 樣東西，你會選哪一個數字來代表它的數量呢？」以此類推問幼兒各種問題。 3. 讓幼兒輪流挑選一個號碼，告訴幼兒：「我們現在要把數字卡按次序排好。」先隨意挑選一個數字，例如：7，然後問：「3 是在 7 之前還是之後？」將之放在對的位置，以此類推，將所有數字卡排完。 4. 讓幼兒在教室中，蒐集與其手中數字相等量的東西。	1. 能說出數字。 2. 能做數字與骰子上的數量配對。 3. 能說出 3 是在 7 之前。 4. 能將數字卡按順序放好。 5. 能找出與數字等量的物品。				

評量結果：4 代表達成該項目標 75%以上，3 代表達成該項目標 50%～75%，
2 代表達成該項目標 25%～50%，1 代表未達成該項目標 25%。

學習目標：共 5 項，通過項目（指評量較好或很好）共____項。

針對特殊幼兒所做的調整：

       1. 能丟骰子。

       2. 能說出骰子有幾個面。

延伸活動：例如：(1)找出 5 個穿白色鞋子的人。

                  (2)找出 8 個三角形的東西。

                  (3)找出 12 個紅色的東西。

                  (4)將 3 個數字按照順序排列。

奇數與偶數（一）

學習經驗：數、主動學習、聽及理解、說。

材料：雪花片、撲克牌、剪刀、膠水。

教學內容	學習目標	評量結果			
		不會 1	尚可 2	較好 3	很好 4
1. 老師將雪花片每2個一數，請幼兒將2、4、6、8、10唱出來，讓幼兒認識偶數。 2. 接著用撲克牌進行玩牌遊戲，依撲克牌上的數字2個一數雪花片，透過操作活動後，了解經2個一數之後，偶數是剛剛好，奇數經2個一數之後，不是剛剛好，而是會剩下一個。 3. 老師發下撲克牌，請幼兒將手中的撲克牌分成奇數與偶數。	1. 能夠作2、4、6、8、10的唱數。 2. 能夠輪流抽牌。 3. 能夠說出牌上顯示的數字。 4. 能夠數出（2個一數）和牌上數字相等量的雪花片。 5. 能在操作後說出自己抽的數字是奇數。 6. 能將自己手中拿到的撲克牌分成奇數與偶數。				

評量結果：4代表達成該項目標75%以上，3代表達成該項目標50%～75%，2代表達成該項目標25%～50%，1代表未達成該項目標25%。

學習目標：共6項，通過項目（指評量較好或很好）共＿＿項。

針對特殊幼兒所做的調整：能指認撲克牌上的數字。

延伸活動：「奇數與偶數（二）」（請見下一個活動）。

奇數與偶數（二）

學習經驗： 數、分類、聽及理解、說、社會學習。

材料： 數字卡 1 至 10、彈珠、布丁杯。

教學內容	學習目標	評量結果			
		不會 1	尚可 2	較好 3	很好 4
1. 老師請幼兒依數字卡 1 至 10 順序唱出來，並依照唱出來的順序將數字卡排列成兩排。 　1　3　5　7　9 　2　4　6　8　10 2. 讓幼兒依順序唸出依序排好的兩排數字。 3. 讓幼兒在兩排數字下，數出正確的數量，兩兩並排的排在數字牌底下。 　1　　　3……… 　○　　○○○ 　2　　　4……… 　○○　○○○○ 4. 告訴幼兒上排 1、3、5、7、9 之數量總是多一個，2、4、6、8、10 之數量都剛好，多一個稱奇數，剛好就是偶數。 5. 然後大家一起洗牌，讓幼兒輪流發牌，再依自己手上的牌號，數出正確的數量，並將數量兩兩並排後，兩個兩個一數說出自己拿到的號碼是奇數還是偶數。	1. 能依數字卡 1 至 10 的順序唱數。 2. 在唱出數字時，能將數字卡分成二排。 　1　3　5　7　9 　2　4　6　8　10 3. 能將二排數字卡依序唸出。 4. 能根據數字數出正確量（數字與量配對）。 5. 能將數字下的量兩兩排好。 6. 能在觀察比較後說出： 　(1)哪一排數字總是多一個。 　(2)哪一排數字總是剛剛好。 7. 能說出多一個為奇數，剛好的為偶數。 8. 能輪流發牌。 9. 能說出自己的數字。 10. 能做數量配對。 11. 能將數量兩兩並排。 12. 能說出自己的號碼是奇數還是偶數。				

評量結果： 4 代表達成該項目標 75%以上，3 代表達成該項目標 50%～75%，2 代表達成該項目標 25%～50%，1 代表未達成該項目標 25%。

學習目標：共 12 項，通過項目（指評量較好或很好）共＿＿項。

針對特殊幼兒所做的調整：能依數字卡 1 至 10 順序唱數。

延伸活動：數班上幼兒人數，數小組時間每組人數，練習奇數、偶數。

加加減減

學習經驗：數、分類、聽及理解、說、經驗及表達想法。

材料：絨布板或白板、圖片、絨布做的小熊（或其他動物模型）10 隻、小椅子 10 張（或長板凳 1 張）。

教學內容	學習目標	評量結果 不會 1	尚可 2	較好 3	很好 4
1.告訴幼兒今天要學一首新的兒歌： 「三」隻小熊坐在椅子上， 揮手招呼他的同伴， 請上來，請上來， 擠來擠去，擠來擠去， 一隻小熊跳上去。 2.每唱完一次就加一隻小熊在椅子上及絨布板或白板上，問幼兒：「現在椅子上面有幾隻小熊？」讓幼兒實際數一數，每一次增加一隻，練習一、二次後，把歌改成： 「五」隻小熊坐在椅子上， 揮手招呼他的同伴， 請上來，請上來， 擠來擠去，擠來擠去， 一隻小熊掉下去。 3.讓幼兒數一數，現在有幾隻小熊？ 4.輪流變換跳上去、掉下來，並用手把絨布上的小熊遮住，要求幼兒的眼睛不看絨布板，說出有幾隻小熊坐在椅子上，等幼兒說出答案後，再將手拿開，看答案是否正確。	1.能說出椅子上及絨布板上小熊的數目。 2.能用心算加減。 3.能說出 5 後面為 6。 4.能用較大的數字來加減。				

教學內容	學習目標	評量結果			
		不會 1	尚可 2	較好 3	很好 4
5. 問幼兒：「5 後面是哪個數字？5 隻熊再加 1 隻變成幾隻熊？」以此類推。 6. 將數字加大，例如：5 之後是什麼？用兒歌來進行活動。					

評量結果：4 代表達成該項目標 75%以上，3 代表達成該項目標 50%～75%，
　　　　　　2 代表達成該項目標 25%～50%，1 代表未達成該項目標 25%。

學習目標：共 4 項，通過項目（指評量較好或很好）共＿＿項。

針對特殊幼兒所做的調整：

　　　1. 將小熊改成特殊幼兒喜愛的刺激物，吸引他的注意力。

　　　2. 每一次數字的變換都要再帶特殊幼兒重新點數一次。

延伸活動：重複上面的活動，練習加減兩隻熊。

示意圖

走路比賽

學習經驗：數、分類、時間、主動學習、聽及理解、說。

材料：碼錶（或有秒針的鐘）、筆、紙、起跑點（立牌或椅子）、三角錐、終點。

教學內容	學習目標	評量結果			
		不會 1	尚可 2	較好 3	很好 4
1. 布置障礙賽場地：設置起跑點、障礙物（例如：三角錐）、終點。 2. 告訴幼兒：「我們要來玩障礙賽的遊戲。」解釋什麼是障礙賽。「我們會把每一個人所花的時間記在表格上，每一個人都有機會當記錄的人。」示範如何使用碼錶，讓幼兒彼此記錄時間，告知賽跑者起跑的時間，每個人都跑一次。 3. 第二次讓幼兒倒退著走，全體結束後，比較二次所花的時間是否相同？或者第二次比第一次所花的時間較長？ 4. 老師走一次障礙賽，讓幼兒做記錄，第二次倒退著走，問幼兒能否預測前後相差多少時間？比較實際和預測之差別。 5. 做其他的練習，並做預測，例如：整理好教室需花多少時間？冰塊在陰涼處要多久才融化？	1. 能按下碼錶。 2. 能跑步。 3. 能說出碼錶的數字讀秒。 4. 能倒退走。 5. 能比較及說出哪個數字代表較長的時間。 6. 能預測正著走及倒退著走相差多少時間。 7. 能比較實際和預測之差別。 8. 能估計整理教室需花多少時間。 9. 能估計冰塊在陰涼處要多久時間才融化。				

評量結果：4 代表達成該項目標 75%以上，3 代表達成該項目標 50%～75%，2 代表達成該項目標 25%～50%，1 代表未達成該項目標 25%。

學習目標：共 9 項，通過項目（指評量較好或很好）共＿＿項。

針對特殊幼兒所做的調整：能走完障礙賽。

延伸活動：跑步比賽。

石頭神仙

學習經驗：數、主動學習、聽及理解、說。

材料：紙袋 1 個、小石頭 20 顆。

教學內容	學習目標	評量結果			
		不會 1	尚可 2	較好 3	很好 4
1. 在紙袋中放入幾顆石頭，告訴幼兒：「我是一個石頭神仙，我能讓石頭出現在我神奇的袋子中，但是在我變魔術給你們看之前，你們要先猜猜看我有多少顆石頭。」當幼兒說出一個數字時，以太多或太少來給予提示，一直到猜對為止。 2. 當幼兒猜對後，把石頭「變」出來，讓幼兒數一數，以證實答案對不對，可多練習幾次。 3. 讓幼兒當石頭神仙，其他幼兒將眼睛遮住，讓該幼兒決定要放幾顆石頭在袋子裡，依照上面的步驟以太多或太少來提示正確答案，讓每個幼兒都有練習的機會。 4. 改變提示的方式，告訴幼兒：「我再想一個數字，這個數字：介於 7 和 9、介於 23 和 25、比 30 少，比 28 多、比 4 多，比 6 少，請問數字是多少？」	1. 能說出石頭的數目。 2. 能明白多一顆或少一顆的意義。 3. 能扮演石頭神仙。 4. 能決定要放幾顆石頭在袋子裡。 5. 能以太多或太少來提示正確答案。 6. 能回答較困難的數字問題。				

評量結果：4 代表達成該項目標 75%以上，3 代表達成該項目標 50%～75%，2 代表達成該項目標 25%～50%，1 代表未達成該項目標 25%。

學習目標：共 6 項，通過項目（指評量較好或很好）共＿＿＿項。

針對特殊幼兒所做的調整：

  1. 能安靜聆聽老師講解規則。

  2. 看到石頭時，能說出數字（猜的過程）。

延伸活動：「比大小」（請見下一個活動）。

比大小

學習經驗：數、分類、主動學習、聽及理解、社會學習。

材料：Asco 算珠（Asco 算盤上的珠子或其他珠子或磁鐵）、數字卡。

教學內容	學習目標	評量結果			
		不會 1	尚可 2	較好 3	很好 4
1. 玩一對一遊戲： (1)老師拿 2 個算珠，幼兒亦拿 2 個算珠。 (2)幼兒兩人一組互相玩。 2. 玩配對遊戲： (1)老師呈現數字卡，請幼兒依數字拿數量。 (2)幼兒互相玩。 3. 玩比大小遊戲： (1)請幼兒輪流抽數字卡，再依數字卡拿數量後，比一比誰的數量最大。 (2) 2～3 人一組互相玩。	1. 能做一對一對應 2. 能 2 人共同玩一個遊戲 3. 能做數字與數量配對：1 至 5、1 至 10。 4. 能遵守遊戲規則。 5. 能輪流（等待）。 6. 能比較數量的多少（大小）。 7. 能 3 人共同玩一個遊戲。 8. 能和老師玩比大小遊戲。				

評量結果：4 代表達成該項目標 75%以上，3 代表達成該項目標 50%～75%，2 代表達成該項目標 25%～50%，1 代表未達成該項目標 25%。

學習目標：共 8 項，通過項目（指評量較好或很好）共____項。

針對特殊幼兒所做的調整：對精細動作有困難的幼兒，可將算珠改成體積較大較容易拿取的物品。

延伸活動：「數字列車」（請見下一個活動）。

數字列車

學習經驗：數、聽及理解、說。

材料：木製數字砂紙板、學習單（上有數字 1 至 10）、筆、10 張椅子。

教學內容	學習目標	評量結果			
		不會 1	尚可 2	較好 3	很好 4
1. 讓幼兒抽數字卡 1 至 10（木製），請幼兒指認並用手指描砂紙板上的數字。 2. 玩數字列車遊戲： ⑴將數字卡放在椅子上，讓幼兒在沒放數字卡的椅子位置上放正確的數字卡。 ⑵讓幼兒將數字按 1 至 10 順序排列，玩接龍遊戲。 3. 發下上面有數字 1～10 的學習單，請幼兒按照順序連起來。	1. 能等待抽數字卡。 2. 能正確說出數字 1 至 10。 3. 能用手指描數字的筆順。 4. 能遵守遊戲規則。 5. 能在正確位置放數字卡 1 至 10。 6. 能玩數字接龍遊戲。 7. 能將數字 1 至 10 依序連線。				

評量結果：4 代表達成該項目標 75% 以上，3 代表達成該項目標 50%～75%，2 代表達成該項目標 25%～50%，1 代表未達成該項目標 25%。

學習目標：共 7 項，通過項目（指評量較好或很好）共 ____ 項。

針對特殊幼兒所做的調整：給予特殊幼兒較簡單的數字指認（1 至 5）。

延伸活動：「對號入座」（請見下一個活動）。

學習單

請將數字 1 至 10 依序連線。

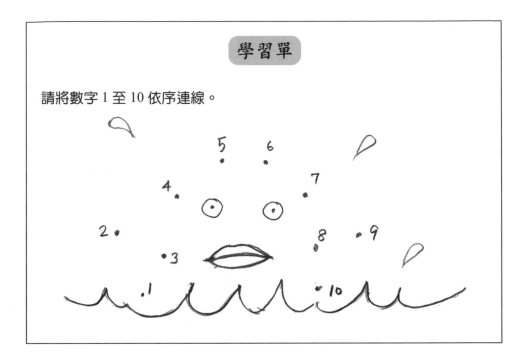

對號入座

學習經驗：數、聽及理解、說。

材料：數字卡 1 至 9、彈珠、夾子、椅子、夾子。

教學內容	學習目標	評量結果			
		不會 1	尚可 2	較好 3	很好 4
1. 發給每位幼兒一套數字卡（1 至 9）。 2. 由老師操作實物（彈珠）來教導幼兒數字 1 至 9 的概念。 3. 要求幼兒當老師拿出幾顆彈珠就要拿出正確的數字卡，並唸出數字來。 4. 老師拿出自己的數字卡，從中隨機抽一張數字，讓幼兒唸，並要求幼兒夾正確數目的彈珠，確定都了解為止。 5. 玩對號入座遊戲：告訴幼兒要玩一個數字遊戲：「我們現在要坐飛機去玩。」將椅子排成兩排，上面放好數字卡，再用一張數字卡當做車票，給每位幼兒一張數字卡當做車票。請幼兒找到和自己相同數字的座位入座，並請幼兒唸出數字。 6. 活動重複一次結束。	1. 認識數字： (1)能說出盤子中有幾顆彈珠。 (2)能拿出正確的數字卡，並唸出數字來。 (3)能依照老師抽出的數字卡，夾出正確的彈珠數目。 2. 對號入座遊戲： (1)能聽懂老師的指令排好隊。 (2)能依自己手上的數字卡，找到座位。				

評量結果：4 代表達成該項目標 75%以上，3 代表達成該項目標 50%～75%，2 代表達成該項目標 25%～50%，1 代表未達成該項目標 25%。

學習目標：共 2 項，通過項目（指評量較好或很好）共＿＿＿項。

針對特殊幼兒所做的調整：給予特殊幼兒較簡單的數字指認（1 至 5）。

延伸活動：到電影院看電影對號入座或坐火車體驗對號入座。

Asco 算盤組

學習經驗：數、主動學習、聽及理解、說。

材料：Asco 算盤組：5 個塑膠底座，每個底座上有 5 根立柱、200 顆空心圓珠、紅、黃、藍、綠、橘色各 40 顆，並有＋、－、×、÷、＝、＜、＞符號及 60 個數字卡。

教學內容	學習目標	評量結果			
		不會 1	尚可 2	較好 3	很好 4
1. 介紹 Asco 算盤組。 2. 串一串：讓幼兒依指令將一定數目的圓珠插入立柱上。 3. 猜猜我是誰：讓幼兒數一數每個立柱上有幾顆圓珠，依其數目選出正確的數字卡，置於底座上。 4. 加加看：讓幼兒將 2 根立柱上套上不同顏色不同數目的圓珠，依其數目選出正確的數字卡置於底座上。 5. 用「＋」的符號出題，例如：將底座上的數字與數字相加，在數字與數字間放入「＋」的符號，例如：「5 ＋ 3」，要幼兒數一數共有幾顆圓珠，透過兩種顏色圓珠的組合，讓幼兒理解加法的概念。 6. 減減看：減的意思就是拿走圓珠，讓幼兒在數字與數字間放入「－」的符號，例如：「5 － 3」，要幼兒拿掉 3 顆圓珠，數一數剩下幾顆圓珠。 7. 分分看：讓幼兒將 12 至 18 顆圓珠放在 3 個立柱上，讓每個立柱的圓珠一樣多。	1. 能聽老師介紹。 2. 能依指令將一定數目的圓珠插入立柱。 3. 能依其數目選出正確的數字卡，置於底座上。 4. 能將底座上的數字與數字相加，在數字與數字間放入「＋」的符號，例如：「5 ＋ 3」。 5. 能數一數 2 個立柱共有幾顆圓珠。 6. 能在數字與數字間放入「－」的符號，例如：「5 － 3」。 7. 能拿掉 3 顆圓珠，數一數兩個立柱上共有幾顆圓珠。 8. 能將 12 至 18 顆圓珠放在 3 根立柱上，讓每個立柱的圓珠一樣多。 9. 能說出每個立柱上有幾顆圓珠。				

評量結果：4 代表達成該項目標 75%以上，3 代表達成該項目標 50%～75%，
2 代表達成該項目標 25%～50%，1 代表未達成該項目標 25%。

學習目標：共 9 項，通過項目（指評量較好或很好）共＿＿＿項。

針對特殊幼兒所做的調整：能將圓珠一顆顆插入立柱。

延伸活動：增加立柱及圓珠數目，讓幼兒操作。

學習經驗：數、主動學習、聽及理解、說。

材料： Asco 算盤組：Asco 算珠 200 顆。

教學內容	學習目標	評量結果			
		不會 1	尚可 2	較好 3	很好 4
1. 準備 30 顆 Asco 算珠，讓幼兒數數。 2. 讓幼兒聽老師指令先拿出 10 顆，再拿出 6 顆，將 16 顆分成兩排，數一數共有幾顆，比較兩排哪一排多、每一排中各有幾顆算珠。 3. 請幼兒 2 人一組，給每組 10 至 20 顆，請幼兒將算珠兩顆兩顆排在一起，試試看哪些數目會剩下一顆算珠。 4. 告訴幼兒能夠排完的命名為偶數，不能排完剩下一顆的叫做奇數。 5. 請幼兒根據排列結果說出（1 至 20）哪個是奇數，哪個是偶數。	1. 能數數 1 至 30。 2. 能拿出 10 顆算珠。 3. 能拿出 6 顆算珠。 4. 能將 16 顆算珠平分成二排。 5. 能比較兩邊哪邊多。 6. 能數數看共有幾顆算珠。 7. 能說出每一堆中各有幾顆算珠。 8. 能說出哪些數目可以兩列排完，哪些數目會剩下一顆，單獨排列。 9. 能說出（1 至 10）哪個是奇數，哪個是偶數。				

評量結果：4 代表達成該項目標 75%以上，3 代表達成該項目標 50%～75%，
2 代表達成該項目標 25%～50%，1 代表未達成該項目標 25%。

學習目標：共 9 項，通過項目（指評量較好或很好）共＿＿項。

針對特殊幼兒所做的調整：能將算珠兩顆兩顆放一起。

延伸活動：將算珠放在角落讓幼兒探索。

一樣多

學習經驗：數、分類、主動學習、聽及理解、說、經驗及表達想法。
材料：20 顆豆子或雪花片等小物品。

教學內容	學習目標	評量結果			
		不會 1	尚可 2	較好 3	很好 4
1.⑴講一個故事：「有一個小女孩名叫小玫，她睡不著覺，因為明天她要到一個店裡工作，這是她的第一個工作呢！上班的第一天，老闆告訴小玫把一個盒子裡的豆子分成等量的幾堆，小玫開始動手，她把豆子分成 4 堆，每一堆有 5 顆豆子。」 ⑵示範小玫分豆子的情況，問幼兒：「怎樣才是每一堆有一樣多的豆子呢？」答案是：「每一堆都有 5 顆豆子或每一堆都有相同數量的豆子。」 2.問幼兒：「小玫把豆子分成了幾堆？每一堆有多少豆子？總共有多少豆子？」鼓勵幼兒實際去做。 3.告訴幼兒：「小玫決定將豆子重新分配，將豆子分成 5 堆，現在每一堆有幾顆豆子呢？總共有多少豆子？」再將豆子分成 10 堆、分成 2 堆，每一堆有幾顆豆子呢？總共有多少豆子？ 4.問幼兒：「小玫總共用了幾顆豆子？如果將豆子分成 2	1.能說出每一堆都要有相同數量的豆子。 2.能說出每一堆都有 5 顆豆子。 3.能說出分成 5 堆，每一堆有 4 顆豆子，共有 20 顆豆子。 4.能明白不論如何分配豆子，其總數不變。 5.當豆子分成 5 堆，能說出每一堆有 4 顆豆子，總共有 20 顆豆子。 6.當豆子分成 10 堆，能說出每一堆有 2 顆豆子，總共有 20 顆豆子。 7.當豆子分成 2 堆，能說出每一堆有 10 顆豆子，總共有 20 顆豆子。 8.能用至少兩種不同的方式將豆子分成等量的堆別。 9.能用 16 顆豆子去分配。				

教學內容	學習目標	評量結果			
		不會 1	尚可 2	較好 3	很好 4
堆，每一堆有 10 顆豆子，總共有幾顆豆子？將豆子分成不同堆，豆子的總量是一樣還是會改變？」 5. 拿走 4 顆豆子，讓幼兒用 16 顆豆子去分配。					

評量結果：4 代表達成該項目標 75%以上，3 代表達成該項目標 50%～75%，
　　　　　　2 代表達成該項目標 25%～50%，1 代表未達成該項目標 25%。

學習目標：共 9 項，通過項目（指評量較好或很好）共____項。

針對特殊幼兒所做的調整：

　　　　　1. 對精細動作有困難的幼兒，可將豆子改成積木等較容易操作的
　　　　　　 物品。

　　　　　2. 可以用天平作為輔助教具，讓特殊幼兒清楚判斷多跟少。

延伸活動：生日時讓壽星分糖果和餅乾。

學習經驗：數、分類、主動學習、聽及理解、說、經驗及表達想法。
材料：捲尺、2 個骰子、膠帶、玩具假人。

教學內容	學習目標	評量結果			
		不會 1	尚可 2	較好 3	很好 4
1. 將捲尺拉直 50 公分貼在長桌子上，將之固定好。 2. 告訴幼兒：「今天我們要玩賽跑的遊戲，每一個人選一個玩具假人來比賽，請將自己的玩具假人放在起跑點上，用骰子來決定你的假人應該跑幾步，1 步是 1 公分，骰子最多是 6，因此一次最多跑 6 公分長，看誰先到終點。」讓幼兒輪流丟骰子。 3. 每一個人丟完一次骰子之後，再丟第二次骰子，然後要求幼兒用心算把第一個數字和第二個數字相加，例如：丟骰子第一次得了 3 點，第二次得了 4 點，讓幼兒說出：「3 加 4 等於 7。」然後數 1、2、3、4……，移動假人到 7 的地方，檢查那點是否是 7，以此類推。 4. 讓每一位幼兒都完成全程，並給予鼓勵，問幼兒：「每一個人都跑到了終點，我們要丟幾次才可以到達終點呢？是不是丟一次骰子就能到達終點？」幫助幼兒明白必須要丟幾次才能到達終點。	1. 能按照點數在捲尺上移動假人。 2. 能用心算將 2 個數字加在一起。 3. 能明白某個數字是幾個數字的總和。 4. 能說出丟幾次骰子才能到達終點 50 公分。 5. 能同時丟 2 個骰子，並將 2 個骰子的數目加起來。 6. 能說出丟幾次骰子才能到達終點 100 公分。				

教學內容	學習目標	評量結果			
		不會 1	尚可 2	較好 3	很好 4
5.讓幼兒再玩一次，這一次要丟 2 個骰子，讓幼兒將 2 個骰子的數目加起來，並把終點拉更長，例如：100 公分。					

評量結果：4 代表達成該項目標 75%以上，3 代表達成該項目標 50%～75%，
2 代表達成該項目標 25%～50%，1 代表未達成該項目標 25%。

學習目標：共 6 項，通過項目（指評量較好或很好）共＿＿項。

針對特殊幼兒所做的調整：

　　　　1.計算的部分可請普通幼兒協助，讓特殊幼兒移動玩具假人就可。

　　　　2. 抽數字牌或數量牌代替骰子，讓特殊幼兒直接看數字後移動。

延伸活動：讓幼兒再玩一次，改用撲克牌（拿掉 King、Queen 及 Jack）代替
骰子。

奇數與偶數（三）

學習經驗：數、時間、空間、主動學習、聽及理解、說、社會學習。

材料：Asco 算盤組、數字表、細彩色筆、三角鐵。

教學內容	學習目標	評量結果			
		不會 1	尚可 2	較好 3	很好 4
1. 請 4 位幼兒玩擁抱遊戲，當聽到三角鐵敲 2 聲時，2 人抱在一起，再以 5 位幼兒再玩一次遊戲。 2. 以上面出現之情形告訴幼兒數字分為奇數與偶數。 3. 用 Asco 算盤組讓幼兒認識奇偶數，請其將 Asco 算盤組中的圓珠放入盒子中，盒子擺滿就是偶數，高度也只能放兩層，也就是只能放偶數。老師可說一個數字，請幼兒操作，並說出是奇數或是偶數。 4. 給每個幼兒一張數字表，請從中圈出偶數，並從中得知其定律（2、4、6……偶數，1、3、5……奇數）。	1. 當聽到三角鐵敲擊 2 聲時，2 人能抱在一起。 2. 能說出 4 人、5 人玩時的不同。（5 人時，有 1 人落單） 3. 知道有奇數、偶數之名稱。 4. 能依指令拿圓珠（1 至 20 個）。 5. 能依操作結果說出該數是奇數還是偶數。 6. 能不用操作就可說出該數是奇數還是偶數（1 至 20）。 7. 能圈出偶數。				

評量結果：4 代表達成該項目標 75%以上，3 代表達成該項目標 50%～75%，2 代表達成該項目標 25%～50%，1 代表未達成該項目標 25%。

學習目標：共 7 項，通過項目（指評量較好或很好）共＿＿＿項。

針對特殊幼兒所做的調整：能做數字與量的配對。

延伸活動：「奇數與偶數（四）」（請見下一個活動）。

數字表

1	2	3	4
5	6	7	8
9	10	11	12
13	14	15	16
17	18	19	20

奇數與偶數（四）

學習經驗：數、主動學習。

材料：數字卡 1 至 10、接龍小方塊（或方塊積木）、彈珠、布丁杯。

教學內容	學習目標	評量結果			
		不會 1	尚可 2	較好 3	很好 4
1. 老師呈現數字卡，讓幼兒說出數字 1 至 10。 2. 讓幼兒將數字卡依序排列成上下兩列，例如： 　　1 3 5 7 9 　　2 4 6 8 10 3. 接著讓幼兒在數字卡下方，排列相等數量的接龍小方塊，例如： 　1　3　5　7　9 　○　○○ ○○ ○○ ○○ 　　　 ○ ○○ ○○ ○○ 　　　　　　○ ○○ ○○ 　　　　　　　　 ○ ○○ 　　　　　　　　　　 ○ 　2　4　6　8　10 　○○ ○○ ○○ ○○ ○○ 　　　 ○○ ○○ ○○ ○○ 　　　　　　○○ ○○ ○○ 　　　　　　　　 ○○ ○○ 　　　　　　　　　　 ○○ 4. 請幼兒注意 1、3、5、7、9 這一列的每個數字下面都多出一顆（奇數），2、4、6、8、10 則是兩兩成雙（偶數），帶入奇、偶數的概念。 5. 老師再請幼兒玩「彈珠數一數」的遊戲。	1. 能說出數字 1 至 10。 2. 能依序排數字卡 1 至 10。 3. 能參與活動。 4. 能在數字卡下方放置相等數量的小方塊。 5. 能說出（指出）哪些數目下有多一顆。 6. 能指出哪些數量是兩兩成雙（手牽手）。 7. 能說出奇數有哪些。 8. 能說出偶數有哪些。 9. 能從布丁杯中抓取彈珠。 10. 能說出拿到的彈珠數量。 11. 能說出拿到的彈珠數目是奇數還是偶數。 12. 能幫忙收拾整理。				

教學內容	學習目標	評量結果			
		不會 1	尚可 2	較好 3	很好 4
6. 將彈珠放置於布丁杯中，請幼兒仿照上面排列的方式，數一數拿到的彈珠數目為奇數或偶數？ 7. 收拾整理，分享活動。					

註：幼兒在指認奇數時常會忘了「1」，須提醒。

評量結果： 4 代表達成該項目標 75%以上，3 代表達成該項目標 50%～75%，
　　　　　　2 代表達成該項目標 25%～50%，1 代表未達成該項目標 25%。

學習目標： 共 12 項，通過項目（指評量較好或很好）共＿＿項。

針對特殊幼兒所做的調整： 能唱數。

延伸活動： 將接龍小方塊放在角落讓幼兒探索。數一數有幾個，是奇數還是偶數。

四、語文（含閱讀）領域活動

　　此部分的活動是為了檢核及增進幼兒語文能力所設計的課程，藉著這些活動，培養他們傾聽、表達、閱讀及寫作的技巧。

　　此部分的每項活動都劃分為四個技巧，每個技巧對語文能力的發展都非常的重要，這樣的劃分有利於教師在活動進行時檢核幼兒的表現。有些幼兒在這些技巧的某些方面，會有很出色的表現，但是從另一方面來說，也有些幼兒會在某些技巧上感到吃力或是缺乏興趣，而需要額外的幫助或鼓勵。

　　在語文領域開頭的三項活動進行後，教師會很清楚幼兒較強或較弱的技巧是在哪一方面，根據這些結果，可以修改其餘的活動以及日常的生活教學，以提供該幼兒最適合的語文能力訓練。

　　語文能力四個技巧的劃分方式如下：

1. 聽能：能分辨聲音的不同。
2. 理解：能了解別人說話的意思及文章詞句的意義。
3. 表達：能有效的使用文字傳達自己的意思。
4. 辨認：能分辨字型或圖形的不同。

　　人們經由傾聽、說話、寫作及閱讀來跟他人溝通，透過以下的動作模仿、聽能、理解、表達、看圖說話、閱讀、講故事、認字及扮演等活動幫助幼兒增進語文技巧，而達到溝通的目的。這些活動主要提供下列的聽及理解、說、閱讀、寫、經驗及表達想法，以及社會學習等經驗：

1. 傾聽（聽及理解 1）。
2. 和他人談及或分享自己的經驗（說 1）。
3. 描述人、事、物間的關係（說 2）。
4. 讓語言成為有趣的活動（說 5）。
5. 會寫字、語詞及句子（寫 5）。
6. 能主動閱讀並從閱讀中獲得訊息（閱讀 8）。
7. 講故事（說 8）。
8. 喜歡聽故事（聽及理解 3）。
9. 能讀常用的字及了解其構造（閱讀 10）。

10. 把圖片上看到的東西聯想到真實之事物（經驗及表達想法 2）。

11. 用語文或其他方式表達出想法（經驗及表達想法 1）。

12. 能與他人分享（社會學習 7）。

13. 回答問題（說 9）。

動作模仿

學習經驗：主動學習、說。

材料：繪本《從頭動到腳》（上誼）。

教學內容	學習目標	評量結果			
		不會 1	尚可 2	較好 3	很好 4
1. 老師先以模仿動作引起動機，並讓幼兒兩人為一組玩「鏡子遊戲」，再介紹今日的主題——動作模仿。 2. 介紹《從頭動到腳》這本繪本，書中可看到十二種不同動物的「招牌動作」，這些動作從頭到腳每個部位都有，還介紹了十二種動物的名稱、十一種身體部位的叫法，以及十一種動作的說法。 3. 引導幼兒多觀察書中的動作，請幼兒說明動作的名稱。 4. 請幼兒模仿書中的動作。	1. 能和其他幼兒玩鏡子遊戲。 2. 能說出遊戲內容名稱——動作模仿。 3. 能安靜聆聽老師說故事。 4. 能說出動作名稱。（先舉手經老師允許才發表） 5. 能正確模仿書中的動作。				

評量結果：4代表達成該項目標75%以上，3代表達成該項目標50%～75%，2代表達成該項目標25%～50%，1代表未達成該項目標25%。

學習目標：共5項，通過項目（指評量較好或很好）共＿＿項。

針對特殊幼兒所做的調整：模仿其他幼兒的動作。

延伸活動：「他在做什麼動作」（請見下一個活動）。

他在做什麼動作

學習經驗：聽及理解、說。

材料：「動作圖卡」（48 張大照片式圖卡，文思堂）、圖片及語詞貼紙（寫上跑步、踢足球、打籃球、打棒球、打羽球）、學習單。

教學內容	學習目標	評量結果			
		不會1	尚可2	較好3	很好4
1. 問幼兒：老師現在正在做的動作是什麼。 2. 請每位幼兒輪流抽動作圖卡，其他幼兒則模仿並說出圖片中的動作，藉以了解「動作」的意思。 3. 再請幼兒輪流比出一種動作，請其他幼兒猜猜並說出動作的內容，例如：拍球。 4. 老師介紹五個動作的圖片及跑步、踢足球、打籃球、打棒球、打羽球的語詞貼紙，再請幼兒將貼紙上的語詞貼在學習單正確的圖片旁。	1. 能說出老師正在做的動作。 2. 能輪流抽卡片。 3. 能模仿圖片的動作。 4. 能說出圖片的動作。 5. 能以動作表達要讓別人知道的事情。 6. 能模仿別人的動作。 7. 能猜出動作內容。 8. 能說出圖片的動作。 9. 能將貼紙貼在正確位置。				

評量結果：4 代表達成該項目標 75%以上，3 代表達成該項目標 50%～75%，2 代表達成該項目標 25%～50%，1 代表未達成該項目標 25%。

學習目標：共 9 項，通過項目（指評量較好或很好）共＿＿項。

針對特殊幼兒所做的調整：能模仿動作。

延伸活動：放影片，讓幼兒模仿影片的動作。

學習單

請將跑步、踢足球、打籃球、打棒球、打羽球的語詞貼紙貼在正確的圖片旁。

神奇的魔術師

學習經驗：說、經驗及表達想法

材料：故事書、（魔術師的）帽子、（國王的）皇冠、動物布偶（狗、貓、牛、老鼠、青蛙等）、鬧鐘、鈴鐺。

教學內容	學習目標	評量結果			
		不會 1	尚可 2	較好 3	很好 4
1. 二位老師做角色扮演，示範給幼兒看。一位老師說：「我是國王，哎！好無聊喔！有沒有新奇的東西呀」（作無聊狀，及東張西望尋找狀）。另一老師接著說：「我是魔術師，有神奇的魔力，只要國王您隨便發出一種東西的聲音，我就可以馬上把它變出來。」 2. 當國王的老師一發出「呱—呱」的聲音，當魔術師的老師即立刻拿出青蛙的布偶。 3. 老師示範表演，讓幼兒了解玩法後，請一位幼兒當魔術師，老師當國王，並依扮演國王的幼兒所發出的聲音，找出正確的動物玩偶（例如：國王發出「汪！汪！」的聲音，魔術師就須拿出小狗玩偶）。 4. 玩了幾次，幼兒熟練之後，即讓幼兒自己當國王、當魔術師，老師在旁輔導。 5. 每位幼兒都玩過後，讓幼兒一個一個依序拿出自己拿的玩偶，其他幼兒則要發出那種動物或物品的聲音。	1. 能專心聆聽老師說故事。 2. 能模仿老師，發出在故事裡的各種動物或物品的聲音。 3. 能說出老師所拿出的動物布偶或物品的名稱。 4. 能自願扮演國王，並發出其他幼兒所想要的玩偶聲音（例如：狗是「汪！汪！」）。 5. 能自願扮演魔術師。 6. 能依扮演國王的幼兒所發出的聲音，找出正確的動物玩偶。 7. 當老師拿出一種動物布偶或鬧鐘、鈴鐺時，能自己發出動物或物品的聲音。				

評量結果：4 代表達成該項目標 75%以上，3 代表達成該項目標 50%～75%，
　　　　　　　2 代表達成該項目標 25%～50%，1 代表未達成該項目標 25%。

學習目標：共 7 項，通過項目（指評量較好或很好）共＿＿項。

針對特殊幼兒所做的調整：能模仿聲音。

延伸活動：「聲音遊戲」（請見下一個活動）。

聲音遊戲

學習經驗：主動學習。

材料：小型電子琴（有鍵盤）、錄音筆、積木、紙張。

教學內容	學習目標	評量結果			
		不會 1	尚可 2	較好 3	很好 4
1. 老師利用自己的嘴巴或拍手等運用身體方式發出聲音，讓幼兒模仿。 2. 老師利用小型電子琴彈出各種聲音，再請幼兒說出是何種動物的叫聲，並請幼兒模仿動物叫聲。 3. 最後請幼兒用錄音筆錄下教室四周的各種聲音，例如： (1)心跳聲。 (2)冷氣聲。 (3)說話聲。 (4)鋼琴聲。 (5)風扇聲。 (6)廣播聲。 (7)玩積木聲。 (8)撕紙聲。	1. 能利用自己的嘴巴發出不同聲音，例如：親吻聲、彈舌頭的聲音等。 2. 能自己用身體各部位來發出聲音，例如：拍手。 3. 能說出是何種動物的叫聲。 4. 能模仿動物叫聲。 5. 能尋找教室的聲音及錄音： (1)心跳聲。 (2)冷氣聲。 (3)說話聲。 (4)鋼琴聲。 (5)風扇聲。 (6)廣播聲。 (7)玩積木聲。 (8)撕紙聲。				

評量結果：4 代表達成該項目標 75%以上，3 代表達成該項目標 50%～75%，2 代表達成該項目標 25%～50%，1 代表未達成該項目標 25%。

學習目標：共 5 項，通過項目（指評量較好或很好）共＿＿＿項。

針對特殊幼兒所做的調整：能模仿聲音。

延伸活動：「耳聰目明」（請見下一個活動）。

耳聰目明

學習經驗：聽及理解、說。

材料：CD 播放器、《耳聰目明》（信誼出版）

教學內容	學習目標	評量結果			
		不會 1	尚可 2	較好 3	很好 4
1.和幼兒討論自己常聽到的聲音。 2.老師發給每位幼兒 3～4 張圖卡，再放《耳聰目明》CD，請幼兒依聽到的聲音找圖卡，並描述會在什麼情形、什麼場所聽到這個聲音（如果甲幼兒聽到的聲音是自己手上的圖卡，則幼兒須眨眼，讓其他幼兒猜卡片在他那裡）。 3.請幼兒抽《耳聰目明》的圖片（剛才聽聲音之圖卡），再嘗試用另一種溝通的方法讓其他幼兒知道自己所抽的圖片內容。	1.能說出自己常聽到的聲音（例如：車、門鈴、電話……）。 2.能依照聽到的聲音找到圖卡。 3.能說出聽到的聲音。 4.能說出什麼場合或情形會聽到圖卡上的聲音。 5.能注意其他幼兒的提示。 6.能眨眼睛讓其他幼兒知道卡片在他那兒。 7.能抽圖片。 8.能用另一種方式與其他幼兒溝通。				

評量結果：4 代表達成該項目標 75%以上，3 代表達成該項目標 50%～75%，2 代表達成該項目標 25%～50%，1 代表未達成該項目標 25%。

學習目標：共 8 項，通過項目（指評量較好或很好）共＿＿項。

針對特殊幼兒所做的調整：能說出聽到的聲音。

延伸活動：請幼兒在教室錄下各種聲音（例如：馬桶聲、車聲、關門聲、風聲）後回教室分享。

學習經驗：聽及理解、說。

材料：一些大張的紙，彩色筆。

教學內容	學習目標	評量結果			
		不會 1	尚可 2	較好 3	很好 4
1. (1)告訴幼兒今天將有人來訪問他們，問一些發生在他們周遭的事情。 (2)問幼兒：「你住在哪裡？」「家裡有沒有兄弟姊妹」或是任何發生在其身上比較特別的事。把幼兒回答的內容記在紙上，並貼出來，記錄每個幼兒的經驗時，不要超過 5 個句子。 2. 把這些敘述貼好後，讓幼兒找出他們自己的故事，並且把自己的名字圈起來。 3. 把每個人的故事唸出來，在唸到關鍵字時稍微停頓一下，讓幼兒猜猜應該接上哪 5 個字。 4. 讓幼兒輪流把自己的故事讀出來，接著讓其他幼兒回答唸過的內容，例如：小明最喜歡什麼？星期日他去了哪裡？	1. 能說出自己周遭發生的事。 2. 能說出住在哪裡。 3. 能找出自己的故事，並且把自己的名字圈起來。 4. 能說出 5 個字接上故事。 5. 能回答故事中的問題。				

評量結果：4 代表達成該項目標 75% 以上，3 代表達成該項目標 50%～75%，
　　　　　　2 代表達成該項目標 25%～50%，1 代表未達成該項目標 25%。

學習目標：共 5 項，通過項目（指評量較好或很好）共＿＿＿項。

針對特殊幼兒所做的調整：能找出或說出自己的名字。

延伸活動：讓每個幼兒做自我介紹。

尋寶遊戲

學習經驗：聽及理解、說。

材料：小卡片（製作遊戲時用）、小禮物（餅乾、糖果、貼紙）。

教學內容	學習目標	評量結果			
		不會 1	尚可 2	較好 3	很好 4
1. (1)問幼兒知不知道寶物的意思？告訴幼兒寶物可能是任何有價值或是值錢的東西。 (2)讓幼兒想一想哪些是有價值的東西，為什麼這些東西是有價值的？有價值的東西都很貴嗎？ (3)告訴幼兒今天要一起尋寶，老師會有許多線索幫助他們找到寶物。開始時先讓他們閉上眼睛等老師把每個人的寶物藏好、線索都安排好以後，就可以眼睛睜開，然後老師會給每位幼兒一張提示卡（上有一個垃圾桶，下面有一「X」記號），提示卡上的線索並非藏寶物的地方。 (4)幼兒找到垃圾桶下面，有一「X」記號的地方，就可找到第二個線索（桌子下→畫有一個「X」），把第三個線索（門上畫有一個「X」）放在桌子下，再把第四個線索（畫上面有一個「→」指向藏寶盒）掛在門上，沿著箭頭就可在門邊找到藏寶盒，寶物	1. 能描述什麼是值錢的東西。 2. 能夠閱讀線索。 3. 能根據聽到的線索找出完整的答案（藏寶的地點）。 4. 能自行設計一個尋寶遊戲。				

教學內容	學習目標	評量結果			
		不會 1	尚可 2	較好 3	很好 4
可以是真正的東西或是一張卡片上貼著一個十元硬幣。 (5)接下來是讓每位幼兒學著如何按線索的指示去找實物。先讓幼兒把眼睛閉上，等老師把每個人的實物藏好後才能把眼睛睜開，然後老師會給每位幼兒一張提示卡，這次提示卡上的線索並非藏寶物的地方，而是讓幼兒從押韻的關係中找出相關的地點，例如：寶物藏在李子裡（椅子裡）（事實上實物是在椅子裡），其他的例子如下：在盆子裡（門）、在床邊（窗）。 2. 讓幼兒輪流主持尋寶遊戲，學習如何設計尋寶的卡片。剛開始時只用兩張線索卡片，第一張卡片上的線索可幫助幼兒找出第二張卡片，第二張卡片就可找出實物。在每次實物找出後，都給予幼兒獎勵，獎勵他們懂得如何閱讀卡片及找到線索。					

評量結果：4 代表達成該項目標 75%以上，3 代表達成該項目標 50%～75%，2 代表達成該項目標 25%～50%，1 代表未達成該項目標 25%。

學習目標：共 4 項，通過項目（指評量較好或很好）共＿＿＿項。

針對特殊幼兒所做的調整：說出卡片上的物品，例如：垃圾桶或門。

延伸活動：玩大富翁遊戲。

小卡片

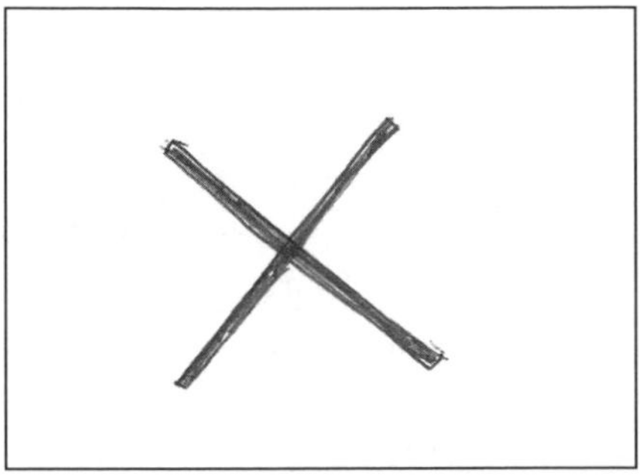

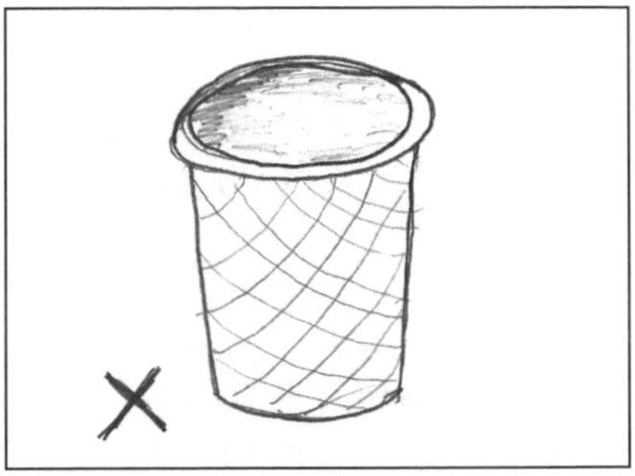

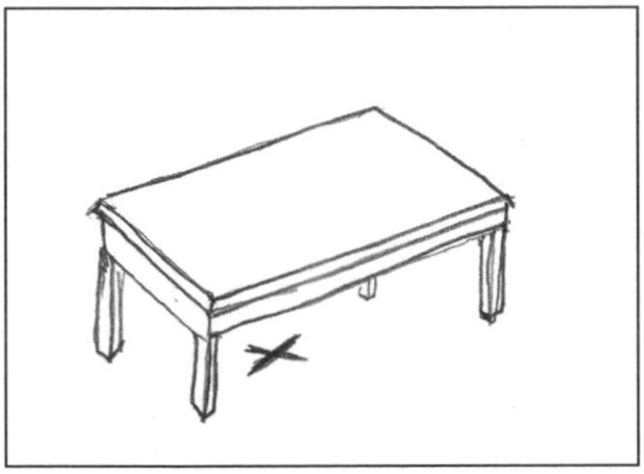

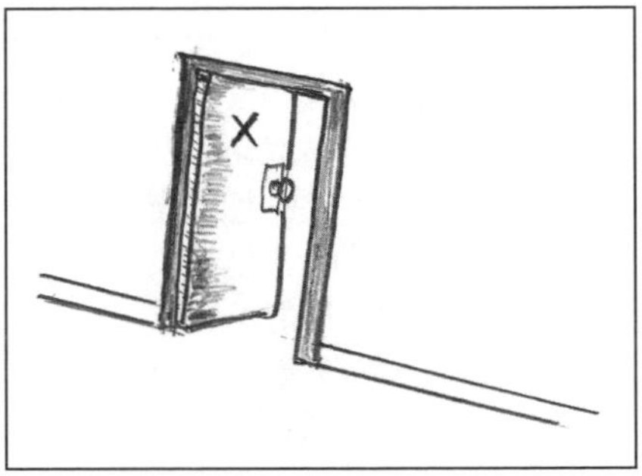

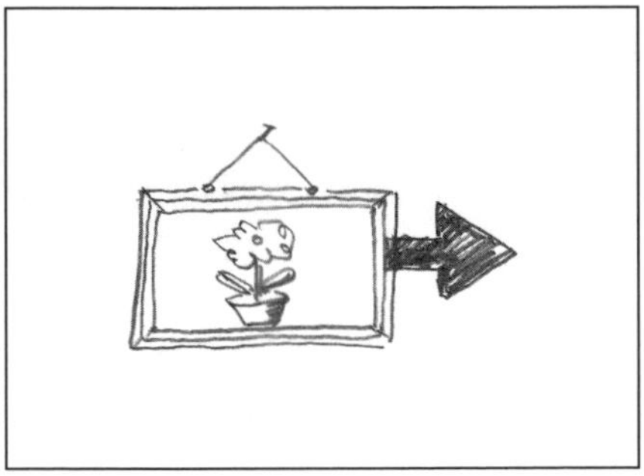

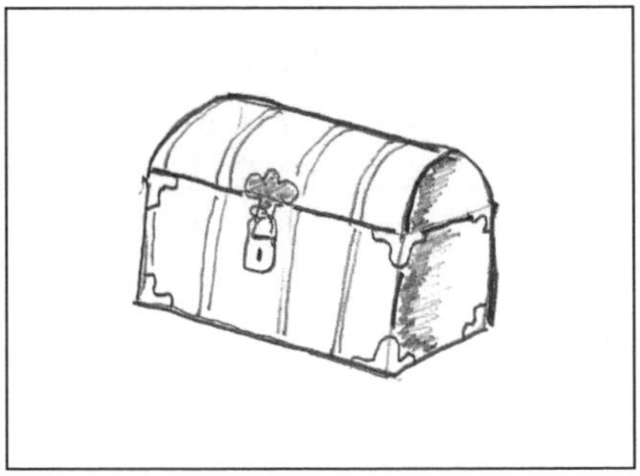

詩的遊戲

學習經驗：聽及理解、說。

材料：注音符號卡片、盒子、童詩 2 首。

教學內容	學習目標	評量結果			
		不會 1	尚可 2	較好 3	很好 4
1. 和幼兒討論感覺的重要性。每個人都具備了五種最基本的感覺：聽覺、視覺、味覺、嗅覺、觸覺，有了這五種感覺，每個人才知道周遭的世界發生了什麼事。 2. 接著和幼兒做一些想像遊戲： 　(1)讓幼兒閉上眼睛，想像著爸爸或媽媽正在煮你最愛的食物時，味道是怎樣，鼓勵幼兒多說說是什麼樣的味道（例如：很香）。 　(2)再想想颱風來臨時的感覺，先閉上眼睛，想像來臨前的寧靜、刮風時的聲音是怎麼樣，閃電又是怎麼樣，打雷又是怎麼樣的感覺，下雨時撐著傘又是怎麼樣的感覺，雨打在身上的感覺又是怎麼樣，鼓勵幼兒們多發表意見。 　(3)最後假裝想像正進入一家冰淇淋店，買了一個冰淇淋，閉上眼睛試著去想像它的味道，舌頭的感覺如何，鼓勵幼兒多談談味道。 3. 進入主題，告訴幼兒詩人就是使用文字來幫助人們想像一些感覺、聲音或看到的影	1. 能用形容詞來描述聞到的味道。 2. 能說出颱風來臨時的感覺。 3. 能說出冰淇淋的味道。 4. 能了解詩的意思。 5. 能辨識出重複的音。 6. 能由字音聯想到字，例如：杯子、椅子。				

教學內容	學習目標	評量結果			
		不會 1	尚可 2	較好 3	很好 4
像，再讓幼兒閉上眼睛聽聽老師唸的詩，每一首詩唸兩次之後，告訴他們詩所描述的東西。 4. 接著告訴幼兒老師將要唸一首不一樣的詩，在這些詩裡面有很多字是押韻的，在讀時請幼兒仔細聽哪些字有押韻？ 　⑴第一步，先讀一首詩，然後請他們說出聽到最多的音，並指出為哪一個音，例如：「千山鳥飛絕，萬徑人蹤滅，孤舟簑笠翁，獨釣寒江雪」（ㄝ）。第二步，鼓勵幼兒說出他們最常聽到的音，例如：很多音都有押ㄧ或ㄟ的韻，讓幼兒練習發出這個音，然後給他們看「ㄧ」、「ㄟ」的注音符號卡，指出哪些字是有這些音的？ 　⑵重複上面的活動，給他們看另一首詩，例如：「床前明月光，疑是地上霜，舉頭望明月，低頭思故鄉」（ㄤ）。 　讀一首詩，然後請他們說出聽到最多的音，並指出為哪一個音，例如：很多音都有押ㄤ的韻，讓幼兒練習發出這個音，然後給幼兒看「ㄤ」的注音符號卡，讓幼兒討論「ㄝ」、「ㄤ」這兩個音有何不同？					

教學內容	學習目標	評量結果			
		不會 1	尚可 2	較好 3	很好 4
(3)繼續以上的遊戲，這次用「ㄠ」的音，例如：「春眠不覺曉，處處聞啼鳥，夜來風雨聲，花落知多少」（ㄠ）？ 5.最後再玩一個遊戲：將這些注音符號卡放在一個盒子裡，要幼兒輪流從盒子裡取出注音符號卡，問他們這個音可以聯想到哪些字，請幼兒仔細想想，如果有困難即予以協助，每個幼兒都要輪流一次。					

評量結果：4 代表達成該項目標 75%以上，3 代表達成該項目標 50%～75%，2 代表達成該項目標 25%～50%，1 代表未達成該項目標 25%。

學習目標：共 6 項，通過項目（指評量較好或很好）共＿＿＿項。

針對特殊幼兒所做的調整：能發出一、ㄟ的音。

延伸活動：將注音符號卡放在語文角讓幼兒探索。

編故事

學習經驗：分類、聽及理解、說。
材料：白板、白板筆。

教學內容	學習目標	評量結果			
		不會 1	尚可 2	較好 3	很好 4
1. 讓幼兒知道他們將一起編個故事，故事中要有主角、一個問題和一個解答，由老師開頭，例如：從前有一個小男孩，媽媽很早就去世了，爸爸又娶了一個後母……，這時開始讓每個幼兒把故事接下去，每人接一小段。 2. 等故事完成後，問幼兒：「故事中的主角是誰？故事是如何開始的？主角遭遇哪些問題？故事中的問題如何解決？」 3. 告訴幼兒他們需要使用一些方法來記住這個故事，例如：可以用一些圖片或符號來把故事記下來，如悲傷可以用「-.-」來表示。每個人物都可以用一個符號來代表，動物也可以用符號來表示，例如小狗可以用「︿︿」來表示，太陽可以用「☀」來表示。 4. 當故事中的某些部分都用符號時，稍微停頓，讓幼兒猜猜符號代表的意義，或是把符號蓋住，只提示某些部分的詞句，例如：說男孩時、只提示「男」字，讓幼兒猜猜看缺少的字，然後再讓他們看符號。	1. 能做故事接龍。 2. 能回答故事中的問題。 3. 能用符號表達故事詞句。 4. 在聽到詞句的前面，能馬上猜到整個句子符號的意義。				

評量結果：4 代表達成該項目標 75%以上，3 代表達成該項目標 50%～75%，
2 代表達成該項目標 25%～50%，1 代表未達成該項目標 25%。

學習目標：共 4 項，通過項目（指評量較好或很好）共＿＿＿項。

針對特殊幼兒所做的調整：能說出符號的名稱。

延伸活動：「名字拼音遊戲」（請見下一個活動）。

名字拼音遊戲

學習經驗：聽及理解、說。

材料：卡片（名片卡）、蠟筆（黑色）。

教學內容	學習目標	評量結果			
		不會 1	尚可 2	較好 3	很好 4
1. 和幼兒討論名字：「為什麼每個人都要有名字？」「你喜不喜歡你的名字？」「你寧可要什麼樣的名字？」「假如每個人都沒有名字時會發生什麼事？」 2. 看看幼兒是否知道自己的名字是由哪個音開始的，例如：「國」是由「ㄍ」的音開始的。找出每個幼兒名字的第一個音。 3. (1)給每個幼兒一枝蠟筆及一張卡片，把自己名字的注音寫在卡片上，一張卡片寫一個注音，老師要提供幼兒必要的協助，並且事先示範。 (2)當幼兒把卡片寫好後，把所有的卡片疊在一起，空白的面朝上，像玩撲克牌一樣，讓幼兒每個人輪流抽一張。讓幼兒指認抽到的卡片上之注音符號，並指出誰的名字中含有這個注音符號。讓幼兒自己發現同一個注音符號可能會出現在不同的名字中。一直玩這個遊戲，直到所有的注音符號都找到。	1. 能表達或說出自己的看法（喜不喜歡自己的名字）。 2. 能指認名字中的第一個音之注音符號。 3. 能指出含有相同注音的兩個名字。 4. 能找到自己名字的第一個音之注音符號。 5. 能把注音符號拼成自己的名字。				

教學內容	學習目標	評量結果			
		不會 1	尚可 2	較好 3	很好 4
4. 接著玩其他遊戲，把所有卡片重新洗過，讓一個幼兒抽出一張，如果卡片上的注音符號是自己名字中的一個，就保留這張卡片，再抽一張，一直到所有的幼兒都找到自己名字的注音符號為止。					

評量結果：4 代表達成該項目標 75% 以上，3 代表達成該項目標 50%～75%，
　　　　　　2 代表達成該項目標 25%～50%，1 代表未達成該項目標 25%。

學習目標：共 5 項，通過項目（指評量較好或很好）共 ＿＿＿ 項。

針對特殊幼兒所做的調整：能說出自己的名字。

延伸活動：「我的名字」（請見下一個活動）。

我的名字

學習經驗：聽及理解、說。

材料：名字卡（寫上每位幼兒姓名）、色紙、亮片、膠水、呼啦圈。

教學內容	學習目標	評量結果			
		不會 1	尚可 2	較好 3	很好 4
1. 老師以名字的遊戲引起幼兒的學習興趣，並讓幼兒學習以名詞來造詞造句。 2. 老師顯示自己的名字——「羅素美」，並問幼兒這是誰的名字，有誰的名字和「羅素美」的一部分是相同的（例如：「羅小仁」是姓和「羅素美」相同）。 3. 遊戲開始（大團體一起玩）： (1)班上的姓是「羅」的人全部抱一起站在呼啦圈裡。 (2)班上名字裡有「ㄅㄧㄥˊ」的抱一起。 (3)班上名字裡有「ㄇㄣˊ」的抱一堆。 (4)班上名字是女生（男生）名的抱一堆。 (5)班上名字有ㄢ ㄢˊㄢˇㄢˋ（ㄨㄟ ㄨㄟˊㄨㄟˇㄨㄟˋ……）的抱一起。 （老師依易而難的規則進行活動） 4. 回小組，讓每個幼兒找出自己的名字，再用名字造詞及造句。 5. 將名字卡以亮片、色紙來裝飾即完成——我的名字。	1. 能安靜聆聽。 2. 能知道班上 3 位老師的姓。 3. 能知道遊戲規則。 4. 能參與遊戲。 5. 能遵守遊戲規則。 6. 能為自己的名字做介紹，例如：林 天 真——森林的「林」、天空的「天」、真好吃的「真」。 7. 能用他人的名字造詞、造句，例如：陳大剛大金剛、蕭白洋有海洋、范小安安靜靜……。 8. 能在所有名字卡中找出自己的名字卡。 9. 能為自己的名字卡以亮片做裝飾。 10. 能從遊戲開始至結束都不離開座位。				

評量結果：4 代表達成該項目標 75%以上，3 代表達成該項目標 50%～75%，
2 代表達成該項目標 25%～50%，1 代表未達成該項目標 25%。

學習目標：共 10 項，通過項目（指評量較好或很好）共＿＿項。

針對特殊幼兒所做的調整：能說出自己的姓名。

延伸活動：將名字做成印章。

賓果遊戲

學習經驗：聽及理解、說。

材料：一組圖片（12 張）並加護貝、代幣（豆子、鈕扣、錢幣等）、容器（裝代幣，碗或袋子皆可）、白板、白板筆。

教學內容	學習目標	評量結果			
		不會 1	尚可 2	較好 3	很好 4
1. 告訴幼兒現在要玩一個賓果遊戲，這遊戲的玩法是誰先把手上所有的圖片蓋起來就贏了。給每位幼兒一張圖片，先教幼兒認識每張圖片的名字，例如：門，就指出什麼是門及門在哪裡？在白板上寫出第一個注音符號，問幼兒手上的圖片是否有這個注音符號？如果手上的圖片有白板上寫的注音符號，就放一個代幣在圖片上面，接下去寫第二個注音符號，繼續這樣做，等 12 個注音符號寫完。第一個把所有的注音符號都蓋上的幼兒就喊賓果。每次注音符號出現的次序可以調換，賓果卡片有狗、貓、兔子、風箏、魚、車、門、床、筆、杯、鞋等 12 張。 2. 換一種方式玩這個遊戲，一次唸 3 個字，都有押韻且聲音類似，如果手上的圖片和其押韻，就可在圖片上放上代幣。玩這個遊戲時，給幼兒較充裕的時間。第一個把所有的圖片放上代幣之後，	1. 能配對圖片與注音符號。 2. 能說出圖片名稱。 3. 能找出押韻的相同字。 4. 能找出一個字來完成句子。 5. 能找出對應的圖片。				

教學內容	學習目標	評量結果			
		不會 1	尚可 2	較好 3	很好 4
就說賓果，然後再調換次序讓幼兒玩： （ㄡ）手、牛、口（狗） （ㄜ）餓、鵝、渴（車） （ㄠ）腳、草、包（貓） （ㄣ）人、雲、問（門） （ㄨ）布、鹿、豬（兔） （ㄤ）羊、狼、象（床） （ㄚ）花、鴨、馬（畫） （一）低、地、你（筆） （ㄥ）雄、蟲、蜂（風） （ㄟ）非、美、被（杯） （ㄩ）雨、芋、玉（魚） （ㄝ）爺、月、葉（鞋） 再玩一次賓果遊戲，這回幼兒要把每個句子中漏掉的字，用圖片的圖來補，使句子完整。先把每個句子唸給幼兒聽，並讓他們有時間思考，要仔細聽，如果找到字可填入就可得到代幣： 不要忘了關＿＿＿。（門） 你累了要去＿＿＿上睡。（床） 借我一支＿＿＿。（筆） 一＿＿＿奶茶多少錢。（杯） 坐＿＿＿去祖母家。（車） ＿＿＿吃骨頭。（狗） ＿＿＿抓老鼠。（貓） ＿＿＿子吃紅蘿蔔。（兔） 牆上掛了一幅＿＿＿。（畫） 小朋友放＿＿＿箏。（風） 爸爸帶我去釣＿＿＿。（魚） 媽媽帶我去買＿＿＿。（鞋）					

評量結果：4 代表達成該項目標 75%以上，3 代表達成該項目標 50%～75%，
2 代表達成該項目標 25%～50%，1 代表未達成該項目標 25%。

學習目標：共 5 項，通過項目（指評量較好或很好）共＿＿項。

針對特殊幼兒所做的調整：能說出圖片上的名稱。

延伸活動：換其他的圖片玩賓果遊戲。

讓我們去逛街

學習經驗：聽及理解、說。

材料：白板、白板筆、8張圖卡（消防車、剪刀、貓、馬、豬、鐘、猴子、火車）

教學內容	學習目標	評量結果			
		不會 1	尚可 2	較好 3	很好 4
1. 和幼兒談談逛街買東西，讓幼兒說出最喜歡的店，並說出喜歡的理由。 2. 假如去逛街，並且到一個很大的店，卻忘了要買的東西清單，幼兒曉得要買的東西和吃的有關，而且第一個音都是「ㄆ」，唯一記得的是蘋果，此時先把蘋果的拼音寫在黑板上，問幼兒是否想到其他「ㄆ」開始的字。另外，單子上也有從「ㄇ」開始的東西，讓幼兒也想想有哪些字是從「ㄇ」開始的，例如：帽子，把帽子寫在白板上，再讓幼兒想想其他的字或詞，想到兩個就停止，最後謝謝幼兒的幫忙。 3. 把8張圖卡拿出來，假裝現在要去另外一家玩具店，這個店是按照注音符號順序排列，所以幼兒需要先找出要買的東西是由哪個注音符號開始的。若幼兒要找的第一件東西是馬，拿玩具馬給幼兒看，看看誰能到白板上找出馬開始的第一個注音符號。繼續玩這個遊戲，直到	1. 能說出最喜歡的店。 2. 能看到一個注音符號「ㄇ」開頭就聯想一個字或詞。 3. 能根據提示的圖片找到注音符號（ㄓ、ㄏ、ㄐ、ㄇ）。 4. 能想出把店裡的東西做分類的方法。				

教學內容	學習目標	評量結果			
		不會 1	尚可 2	較好 3	很好 4
所有的圖片都能找到開始的注音符號為止。 4. 另外，再到一個新開幕的店，這個店的經理不知如何來整理店裡的東西，每一樣東西都有圖片，他想先把圖片上的東西做個分類，再想一想用什麼方式來分類較快，例如：類別或者注音符號（可參考去過的店之分類方式）。					

評量結果：4 代表達成該項目標 75%以上，3 代表達成該項目標 50%～75%，
2 代表達成該項目標 25%～50%，1 代表未達成該項目標 25%。

學習目標：共 4 項，通過項目（指評量較好或很好）共____項。

針對特殊幼兒所做的調整：能說出圖片的名稱。

延伸活動：去大賣場買東西。

圖卡

飛得更高

學習經驗：聽及理解、說。

材料：紙、鉛筆、蠟筆或簽字筆、錄音筆。

教學內容	學習目標	評量結果			
		不會 1	尚可 2	較好 3	很好 4
1. 老師給幼兒看鳥的圖片，說：「現在我們假裝玩一種遊戲。我正巧口袋裡有一神奇金粉，這些神奇金粉灑在人的身上會起變化。現在大家把眼睛閉上，以免神奇金粉飛到大家眼睛裡。」假裝灑一些金粉在幼兒頭頂上，說：「我已經把金粉灑在你們身上了喔，現在你們已經不再是男孩或女孩，而是變成了一隻美麗的七彩鳥兒了。幻想自己沒有手臂或頭髮卻長出翅膀與羽毛，現在讓我們假裝正利用你們華麗的翅膀翔翔於晴空中，在天空中你看到什麼東西在你身邊？」鼓勵幼兒們盡量說出他們的想法，例如：鳥、蟲、雲彩、飛機、滑翔機、熱氣球、風箏、氣球等。	1. 能說出一隻小鳥飛行時所看到的事物。 2. 對鳥兒的冒險情形能說出較特別的描述。 3. 能說出小鳥碰到暴風雨時會如何。 4. 能詳細的畫出鳥兒飛行的樣子。 5. 能想像鳥兒在不同狀況下的結局： (1)天上飛。 (2)暴風雨。 (3)鳥籠。				
2. (1)接著要幼兒們想像變成一隻鳥兒會發生什麼事？說：「當你們是一位小男孩或小女孩時是否曾想到與感覺這件事。當你變成一隻小鳥時，飛到一場暴風雨中，你會有何想法？你會聽到什麼與看到什					

教學內容	學習目標	評量結果			
		不會 1	尚可 2	較好 3	很好 4
麼？」將幼兒的想法記錄在紙上。 (2)當幼兒們已經描述完自己的初次經驗，告訴他們：「你已穿越了暴風而且現在正飛過數公里高的天空中，雲破天開、陽光普照，很快地，你正飛過一個巨大的海洋，太陽在上面、海洋在下面，告訴我這是什麼景象……，你的感覺是什麼、看到什麼、聽到什麼、想些什麼？」（將幼兒們的想法一一錄在錄音筆裡。） (3)又說：「最後，在經過數天的橫越海洋飛行後，你終於登陸了。你感到非常疲倦與飢餓，所以你找到一處很安靜的地方休息一會兒。這時有一位穿圍裙的女人偷偷用網子把你捉起來，然後放在一輛卡車上的鳥籠裡，將你送到人山人海的動物園中，現在你的感覺是什麼？想法是什麼？」（再一次錄下幼兒們的想法） 3.現在讓幼兒們再回想一下鳥兒飛躍暴風雨、飛越海洋和被捕捉，以及被關進動物園後的情景。將這些情景用圖畫描繪出來。當幼兒在作畫時，在他們旁邊，鼓勵每一					

教學內容	學習目標	評量結果			
		不會 1	尚可 2	較好 3	很好 4
個人盡可能詳細地畫出來，同時鼓勵幼兒們說出他們圖畫的內容。 4. 當幼兒們將這些圖畫完成後，問：「想想看鳥兒歷險記的最後結局是怎樣？這些鳥兒最後又會怎樣呢？」鼓勵幼兒以不同的方式來做結論，並一一將結果錄下來。 註：可讓幼兒過些日子後重新玩一次和討論錄音筆的內容（或讓未曾參與此活動的幼兒一起分享）。					

評量結果：4 代表達成該項目標 75%以上，3 代表達成該項目標 50%～75%，
2 代表達成該項目標 25%～50%，1 代表未達成該項目標 25%。

學習目標：共 5 項，通過項目（指評量較好或很好）共＿＿項。

針對特殊幼兒所做的調整：能說出鳥。

延伸活動：另一個類似的活動是：「假如你是一片葉子，將會怎樣？」
幼兒可扮演下列情景：
・在春天時從樹枝上發芽。
・在夏天時被冰雹、暴風雨、閃電打到。
・被小孩子從樹上摘下。
・在秋天時因枯萎摔落在地上被掃走。

學習經驗：聽及理解、說。

材料：錄音筆。

教學內容	學習目標	評量結果			
		不會 1	尚可 2	較好 3	很好 4
1. (1)和幼兒們一起坐到地板上（或地毯上）。 (2)告訴他們：「讓我們來做一個到另一個地方的想像之旅。這個地方跟我們這裡很像，唯一不同的是沒有陽光。閉上眼睛想像那地方的每一樣東西它們看起來都像什麼？」要每位幼兒用形容的方式「星星永遠不會消失」，或用比較的方式「那地方較冷」來說說那地方像什麼樣子。當幼兒們在做這項活動時，鼓勵他們閉上眼睛。 2. 當每位幼兒都說完後，告訴他們：「我們對於這個沒有陽光的地方會是什麼樣子已經有了一些概念，但是，讓我們再想想，用什麼方法可以使得這個地方與眾不同？」允許幼兒們花一些時間想想。 3. 和幼兒們討論他們的點子，再告訴他們：「你們已經想到許多好主意。你們能否想一個別人還沒有想到的點子？想想你每天所做的事情有什麼不一樣的地方？」讚美	1. 能閉上眼睛想像到了一個沒有陽光的世界會發生什麼事。 2. 能說出用什麼方法可以使得這個地方與眾不同。 3. 能想像生活在一個沒有陽光、每天所做的事沒有什麼不一樣的地方。 4. 能接力說出一個沒有陽光的地方的故事。				

教學內容	學習目標	評量結果			
		不會 1	尚可 2	較好 3	很好 4
那些與眾不同的答案，想像力愈豐富的愈好。 4. 然後要幼兒們說一個關於這個沒有陽光的地方的故事。由一位幼兒開始（要用錄音筆錄音），然後讓其他的幼兒接著說故事，並給每位幼兒充分的時間。當幼兒們講完故事時，將故事放出來讓他們聽聽。					

評量結果：4 代表達成該項目標 75%以上，3 代表達成該項目標 50%～75%，
　　　　　2 代表達成該項目標 25%～50%，1 代表未達成該項目標 25%。

學習目標：共 4 項，通過項目（指評量較好或很好）共＿＿＿項。

針對特殊幼兒所做的調整：能說出今天有沒有太陽。

延伸活動：每隔一天可以按照上面的步驟讓幼兒想像，如果：

　　　　　‧到了一個每一樣東西的顏色都是一樣的地方。

　　　　　‧到了一個沒有電的地方。

　　　　　‧到了一個每個人都長得一樣的地方。

學習經驗：聽及理解、說。

材料：白板、6張圖片。

教學內容	學習目標	評量結果			
		不會 1	尚可 2	較好 3	很好 4
1. 準備一些兒歌謎語，讓幼兒根據謎語中押韻的字來解答這個謎語，押韻的字是指聲音聽起來類似的字。記住：謎語答案會跟兒歌的押韻一樣，仔細聽謎語： 頭戴小紅帽，身穿花毛衣。 清早喔喔啼，叫人快早起。 答案是公雞，押韻的字是衣、啼、起。 2. 繼續下面兩個兒歌謎語： 縫衣服，大嘴巴，水裡陸地兩個家。小蟲見了他害怕，唱起歌來哇哇哇。（青蛙） 東飛飛，西停停，看見小蟲最高興。（蒼蠅） 3. 告訴幼兒，接下來要猜更多謎語，請幼兒猜猜看答案到底是什麼： (1)一根短尾巴，兩隻紅眼睛。嘴巴裂一半，不吃魚，不吃肉。蘿蔔和青菜，是他的最愛。（兔子） (2)四根柱子兩片牆，一根皮管在中央，兩把扇子頭上長，他是什麼想一想。（大象）	1. 能說出謎語的答案。 2. 能回答教室裡頭謎語的問題。 3. 能根據圖片想出一個謎語。 4. 能說出哪些字是押韻的。 5. 能提示謎語答案。				

教學內容	學習目標	評量結果			
		不會 1	尚可 2	較好 3	很好 4
4. 接著讓幼兒做一個兒歌謎語，讓他們根據圖片輪流編一個兒歌謎語，再給其他的幼兒猜，例如：先示範拿出椅子的圖片，「什麼是有腳不會走路的呢？」若猜不到，再給他們看圖片。 5. 讀下面的兒歌謎語給幼兒聽： 沒有骨頭，頭只有肉，房子馱在背上頭，一吋一吋慢慢走，三里五里不發愁。（蝸牛） 把每一句的最後一個字抄在黑板上，告訴幼兒說押韻的字不只聽起來像，看起來也很像，問幼兒是否能辨別哪些字是押韻的，它們是不是都押韻在最後面？（頭、走、愁） 6. 最後，讓每位幼兒各抽出一張圖片，好讓其他的幼兒猜出答案。猜中最多謎語的就贏了，例如：什麼動物是生長在水裡頭，它會游來游去？（魚） 7. 幼兒可以用自己的方式來提示謎語的內容，或用一些方法暗示，好讓其他的幼兒猜出答案。 什麼是白天出來，帶給我們光和熱的？（太陽） 什麼是有四條腿，可以坐在上面的？（椅子）					

教學內容	學習目標	評量結果			
		不會 1	尚可 2	較好 3	很好 4
什麼是下雨天的時候必須使用的？（雨傘） 什麼冰冰涼涼的東西是幼兒最愛吃的？（冰淇淋） 什麼是人類最忠實的朋友？（狗） 什麼動物最喜歡抓老鼠？（貓）					

評量結果： 4 代表達成該項目標 75%以上，3 代表達成該項目標 50%～75%，
2 代表達成該項目標 25%～50%，1 代表未達成該項目標 25%。

學習目標： 共 5 項，通過項目（指評量較好或很好）共____項。

針對特殊幼兒所做的調整： 能說出圖片的名稱。

延伸活動： 「與『蛙』共舞」（請見下一個活動）。

與「蛙」共舞

學習經驗：主動學習、聽及理解、說。

材料：青蛙圖卡、字卡、樂器（響板、鈴鼓……）。

教學內容	學習目標	評量結果			
		不會 1	尚可 2	較好 3	很好 4
1. 老師拿出青蛙圖卡，問幼兒這是什麼？接著再問青蛙生活在什麼地方？ 2. 兒歌教唱： 老師逐句教唱小青蛙的兒歌，並在教唱的同時配合分解青蛙的拼圖，讓幼兒能了解青蛙身體的主要結構（第一次教唱用字卡、第二次用圖卡）。 3. 幼兒學會兒歌後，老師任選一種樂器做節奏的示範，教幼兒如何一邊唸歌詞，一邊運用樂器打節奏。 4. 練習過後，讓幼兒自選樂器或拍手、拍大腿、拍桌子等，自己去想打節奏的方式。 5. 打完節奏後，讓幼兒配對青蛙的圖卡與字卡。 6. 若有剩餘時間，則再唱一次兒歌，並做節奏變化的創作，讓幼兒起來發表。	1. 能說出青蛙的名稱。 2. 能說出青蛙住在哪裡。 3. 能辨別並選出青蛙正確住處的圖卡。 4. 能將青蛙的分解圖片放在正確的部位。 5. 能跟著老師逐句唸出歌詞。 6. 能跟著其他幼兒一起唸出全部歌詞。 7. 聽過示範後，能跟隨老師唱一段歌詞。 8. 能主動選擇樂器。 9. 能跟隨老師打節奏。 10. 能自己找出打節奏的方式。 11. 能配對青蛙的圖卡與字卡。 12. 能自願表演唱歌及打節奏。				

評量結果：4 代表達成該項目標 75%以上，3 代表達成該項目標 50%～75%，2 代表達成該項目標 25%～50%，1 代表未達成該項目標 25%。

學習目標：共 12 項，通過項目（指評量較好或很好）共＿＿項。

針對特殊幼兒所做的調整：能說出青蛙的名稱並跟著唱兒歌。

延伸活動：可用其他動物，例如：老虎。

故事內容排一排

學習經驗：聽及理解、說。

材料：繪本故事、自製故事圖卡影印本（影印自繪本故事）、蠟筆、膠水、彩色筆。

教學內容	學習目標	評量結果			
		不會 1	尚可 2	較好 3	很好 4
1. 老師先講一篇繪本故事，並事先製作圖片，讓幼兒先看圖片，知道故事內容的順序。 2. 老師將圖片順序弄混，由幼兒將正確順序排出，再給每一位幼兒一份一樣的圖卡（影印本），讓他們將內容順序排出，一頁頁用膠水黏貼好，再塗上顏色。	1. 能聆聽故事內容。 2. 能將故事圖卡依序排出。 3. 會指出故事圖卡的錯誤順序處。 4. 能將影印的故事圖卡依順序排列並黏貼好。 5. 會在已成冊的圖卡上塗上顏色。 6. 能依圖片內容說故事給其他幼兒聽。				

評量結果：4 代表達成該項目標 75%以上，3 代表達成該項目標 50%～75%，2 代表達成該項目標 25%～50%，1 代表未達成該項目標 25%。

學習目標：共 6 項，通過項目（指評量較好或很好）共＿＿項。

針對特殊幼兒所做的調整：能說出圖片內容。

延伸活動：利用角落課讓幼兒看圖說故事。

毛毛蟲的故事

學習經驗：聽及理解、說。

材料：繪本《好餓的毛毛蟲》（信誼）、毛毛蟲圖片。

教學內容	學習目標	評量結果			
		不會 1	尚可 2	較好 3	很好 4
1. 讓幼兒先看毛毛蟲圖片，提出自己所見的圖片內容，說出自己的感受，將故事架構重新整理。 2. 說一遍「好餓的毛毛蟲」故事。 3. 請幼兒仔細聆聽之後，複述故事的內容片段。 4. 共同討論找不到媽媽時，孩子／媽媽的心裡感覺。 5. 共同討論下次看到有毛毛蟲在地上爬時，記得！讓它回家找媽媽，不要抓它。	1. 能說出圖片上所呈現的內容。 2. 能參與討論故事內容。 3. 能坐在椅子上參與課程進行。 4. 能專心聆聽故事的內容。 5. 能說出找不到媽媽時的感覺。 6. 能說出當毛毛蟲在地上爬時，讓它回家找媽媽，不要抓它。 7. 課程結束會共同整理教室。				

評量結果：4 代表達成該項目標 75%以上，3 代表達成該項目標 50%～75%，2 代表達成該項目標 25%～50%，1 代表未達成該項目標 25%。

學習目標：共 7 項，通過項目（指評量較好或很好）共＿＿項。

針對特殊幼兒所做的調整：能聽 CD。

延伸活動：到戶外找毛毛蟲。

五、精細動作（含美感）領域活動

　　此部分的活動是為了檢核及增進幼兒精細動作能力所設計的課程，這些需要動手操作的活動，能激發幼兒的手部精細能力及藝術方面之潛能。

　　此部分的每項活動都劃分為四個技巧，每個技巧對精細動作能力的發展都非常的重要，這樣的劃分有利於教師在活動進行時檢核幼兒的表現。有些幼兒在這些技巧的某些方面，會有很出色的表現，但是從另一方面來說，也有些幼兒會在某些技巧上感到吃力或是缺乏興趣，而需要額外的幫助或鼓勵。

　　在精細動作領域開頭的三項活動進行後，教師會很清楚幼兒較強或較弱的技巧是在哪一方面，根據這些結果，可以修改其餘的活動以及日常的生活教學，以提供該幼兒最適合的精細動作能力訓練。

　　精細動作能力四個技巧的劃分方式如下：

1. 視覺敏感度：能注意及分辨出不同顏色、材質、大小及設計。
2. 欣賞：能欣賞及評估藝術作品。
3. 技巧：有技巧的使用工具及材料。
4. 獨創性：能做出特別及不平常的作品。

和精細動作相關的學習經驗如下：

1. 能經由感官主動探索，認識各種物品及材料的功能及特性，並正確操作（主動學習 2）。
2. 藉由操作了解物體之間的關係（主動學習 3）。
3. 操作、轉換及組合材料（主動學習 5）。
4. 用繪畫及創作表達自己的想法（經驗及表達想法 5）。

學習經驗：空間、主動學習、聽及理解、說、經驗及表達想法、社會學習。

材料：相機、剪刀、壁報紙（邊緣畫好線）。

教學內容	學習目標	評量結果			
		不會 1	尚可 2	較好 3	很好 4
1. 把幼兒集合起來，給他們看相機。 2. 鼓勵他們討論相機和相片，談談是否有幫人照相的經驗。 3. 告訴他們照相時是從鏡頭對準，讓他們對準教室中的物品照相。 4. 問幼兒看到什麼，當你走近相機時影像會變成什麼，當你退後時影像會變成怎樣。 5. 給幼兒壁報紙及剪刀，讓他們沿著紙上畫好的線剪，使其留下邊邊的部分，成為鏡框。 6. 讓幼兒選出一張最喜歡的相片。	1. 能說出照相的經驗。 2. 能說出從相機的鏡頭裡看到什麼事物。 3. 能沿著紙上畫好的線剪。 4. 能選出一張最喜歡的相片，並說出理由。				

評量結果：4 代表達成該項目標 75%以上，3 代表達成該項目標 50%～75%，
　　　　　2 代表達成該項目標 25%～50%，1 代表未達成該項目標 25%。

學習目標：共 4 項，通過項目（指評量較好或很好）共＿＿項。

針對特殊幼兒所做的調整：能說出相片中的人。

延伸活動：將每個人做好的相框放入相片，並展示在角落。

警察藝術家

學習經驗：空間、主動學習、聽及理解、說、經驗及表達想法、社會學習。
材料：紙（每個幼兒 2 張）、彩色筆。

教學內容	學習目標	評量結果			
		不會 1	尚可 2	較好 3	很好 4
1. 向幼兒說老師昨天去逛街時，發生了一件很可怕的事：在玩具店外面有一大串氣球，突然有個怪物走近氣球並戳破氣球，當這個店主人出來時，所有氣球都已被戳破了，而怪物也跑掉了。店主人很生氣，就怒髮衝冠的貼了一張告示：「誰能提供線索，捉這個破壞者，就可跟警察聯絡。」 2. 繼續對幼兒說：「我跑到警察局去說，我看到這個破壞者，警察說需要怪物的畫像才能抓到他，但是平常幫警察畫畫的人出城去了，所以我將告訴你們這個怪物長什麼樣子，請你們幫忙畫出來。」給幼兒紙和彩色筆，給下列描述，讓幼兒有時間畫，描述如下： ・他有一個很大的頭，很捲的綠色頭髮。 ・他的鼻子看起來像一個馬鈴薯。 ・他的身體又大又圓。 ・他有長長紫色的腳，沒有腿。 ・他還有長長的、彎彎的手臂。	1. 能聆聽老師說故事。 2. 能畫一個怪物的圖畫。 3. 能根據描述來畫畫。 4. 能畫出怪物的背後。 5. 能分享自己的畫。 6. 能選出哪一幅最可愛，哪一幅最可怕。				

教學內容	學習目標	評量結果			
		不會 1	尚可 2	較好 3	很好 4
3. 把這個描述再重複一次，讓幼兒看看自己所畫的跟描述的是不是符合。 4. 給幼兒另外一張紙，告訴他們要畫出怪物的樣子及他的背後，鼓勵幼兒將任何不尋常的特徵都可以加上來。 5. 最後，讓幼兒比較每個人畫出來的怪物，選出最可愛與最可怕的。讓幼兒談談他們的畫，並謝謝他們幫警察先生畫出他們要抓的怪物模樣。					

評量結果：4 代表達成該項目標 75%以上，3 代表達成該項目標 50%～75%，2 代表達成該項目標 25%～50%，1 代表未達成該項目標 25%。

學習目標：共 6 項，通過項目（指評量較好或很好）共____項。

針對特殊幼兒所做的調整：能指認身體部位。

延伸活動：將怪物畫展示在精細角。

隱藏起來的形狀

學習經驗： 空間、主動學習、聽及理解、說、經驗及表達想法、社會學習。

材料： 圖畫、形狀頁（三角形、正方形及圓形）、彩色筆、蠟筆（顏色盡量多，可給予幼兒選擇）。

教學內容	學習目標	評量結果			
		不會 1	尚可 2	較好 3	很好 4
1.把幼兒聚集起來，告訴他們：「昨天晚上喜歡把東西藏起來的小頑皮又來拜訪我們的教室，他把老師畫的所有形狀都藏起來了。」老師把圖片拿給幼兒看，請幼兒一起來幫老師找一找藏起來的形狀在哪裡。 2.接下來跟幼兒玩隱藏形狀的遊戲，看幼兒能否用畫圖的方式把形狀藏起來。讓每個幼兒選擇一個形狀開始畫，用任何方法把這個圖形隱藏起來即可，盡量不要給別人一下就看到，可在圖形旁邊畫上任何的圖畫，但是不要把形狀遮住。 3.當幼兒工作時，鼓勵幼兒仔細地畫，並且給予幼兒足夠的空間，使之能獨立的工作，並且發揮他們的想法。 4.當圖畫完成時，把圖畫展示出來，讓每個人都可看到，讓幼兒選出一幅最喜歡的畫，並說出為什麼，再討論是用什麼方法把形狀隱藏起來，假如有的圖畫沒有被選上，老師應該也談談這圖畫	1.能找出圖片裡的隱藏形狀。 2.能畫出一個圖形，然後把形狀藏起來。 3.能在畫圖時，畫出比較不常見的圖。 4.能選出最喜歡的圖畫，並說出其理由。				

教學內容	學習目標	評量結果			
		不會 1	尚可 2	較好 3	很好 4
的特色。最後跟幼兒說他們今天做得比隱藏的小頑皮還要好，並稱讚他們做得很好。					

評量結果：4 代表達成該項目標 75%以上，3 代表達成該項目標 50%～75%，
　　　　　　2 代表達成該項目標 25%～50%，1 代表未達成該項目標 25%。

學習目標：共 4 項，通過項目（指評量較好或很好）共　　　項。

針對特殊幼兒所做的調整：能用紙將畫遮住。

延伸活動：「輪廓畫」（請見下一個活動）。

圖畫

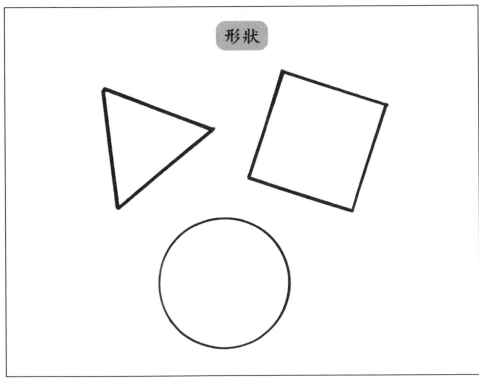

形狀

輪廓畫

學習經驗： 空間、主動學習、聽及理解、說、經驗及表達想法、社會學習。
材料： 黑色彩色筆（或蠟筆）、紙、模型（例如：葉、花、水果、杯子）、
顏料。

教學內容	學習目標	評量結果			
		不會 1	尚可 2	較好 3	很好 4
1. 讓幼兒坐在桌子前，給他一個東西看，仔細的看，假裝自己是一個藝術家，把手當成筆來畫，讓他們在空中用手來畫。提醒幼兒要按照物體的輪廓來畫，鼓勵他們仔細的畫。 2. 拿出一張畫給他們看，然後說：「仔細看這張畫，假裝你是一個畫家，請把它的形狀用手指在空中描繪出來。」 3. 給幼兒一張紙及黑色彩色筆（或蠟筆）一枝，讓他一筆畫出來，在畫完之前彩色筆不許離開畫紙（從簡單的圖開始畫）。 4. 在幼兒畫好後，讓他從中選出一張，這時給他各種顏料，讓他根據選出來的畫，再加以設計成和別人不一樣的畫，讓他們每個人獨立做，並且使用各種顏料。 5. 把每個幼兒的作品擺出來，讓他們和原來的畫加以比較，並選出他們最喜歡的畫，並說出理由。	1. 看過東西後，能用手當成筆畫出輪廓。 2. 能用手指在空中描繪出來。 3. 能用黑色彩色筆憑空畫出物體的輪廓。 4. 能選擇各種顏料畫畫。 5. 能畫出跟別人都不一樣的畫。 6. 能比較完成後的畫，討論最喜歡那一幅，並說出喜歡的理由。				

評量結果：4 代表達成該項目標 75%以上，3 代表達成該項目標 50%～75%，
　　　　　　2 代表達成該項目標 25%～50%，1 代表未達成該項目標 25%。

學習目標：共 6 項，通過項目（指評量較好或很好）共＿＿項。

針對特殊幼兒所做的調整：能在線內著色。

延伸活動：「對稱畫」（請見下一個活動）。

對稱畫

學習經驗：空間、主動學習、聽及理解、說、經驗及表達想法、社會學習。

材料：各種形狀的紙（圓形、正方形、長方形）、廣告顏料、彩色筆、水。

教學內容	學習目標	評量結果			
		不會 1	尚可 2	較好 3	很好 4
1. 老師以人的五官、身體四肢介紹對稱的意思，例如：從額頭中間至鼻梁到下巴中間看各一半對稱的意義，並帶入一半及一樣的概念。 2. 教導幼兒畫對稱畫，讓幼兒從畫畫過程中了解對稱的意義。 3. 請幼兒分別拿取自己喜歡的形狀紙，選擇自己喜歡的顏色兩種以上，混合形狀紙上，對折一半再對角折，最後打開紙張看看經對折後打開的圖案是否有對稱的圖案。	1. 能與老師和其他幼兒一起參與討論。 2. 能在介紹對稱的意思後了解一半、一樣的概念。 3. 能在觀察材料後說出有哪些形狀的紙。 4. 能選擇自己喜歡的紙。 5. 能選擇自己喜歡的顏料，並拿顏料塗在紙上。 6. 能混合在形狀紙上的顏料。 7. 能將紙對摺。 8. 能再對摺。 9. 能說出經對折後打開的圖案是對稱的。				

評量結果：4 代表達成該項目標 75% 以上，3 代表達成該項目標 50%～75%，2 代表達成該項目標 25%～50%，1 代表未達成該項目標 25%。

學習目標：共 9 項，通過項目（指評量較好或很好）共 ___ 項。

針對特殊幼兒所做的調整：能將紙對摺。

延伸活動：摺紙。

糖果屋

學習經驗：主動學習、聽及理解、說、經驗及表達想法、社會學習。

材料：紙、蠟筆、糖果（例如：巧克力糖）。

教學內容	學習目標	評量結果			
		不會 1	尚可 2	較好 3	很好 4
1. 給幼兒看一顆糖果，讓他們描述看到的糖果外形。 2. (1)讓幼兒把眼睛閉上，假想自己來到了糖果國，並且在腦中勾畫出一幅圖畫。 　(2)讓幼兒睜開眼睛，試著想像他們看到什麼！（可以由老師帶頭說，盡量描述的愈仔細愈好。給每個幼兒表達的機會） 3. 給幼兒蠟筆，讓他們畫出想像中的糖果國。 4. 討論每個人的畫（每個人用的顏色、大小、真實性）。 5. 讓每個幼兒評鑑別人的畫，說出哪一幅畫較好。	1. 能描述看到的糖果名稱。 2. 能說出想像中的糖果國。 3. 能用蠟筆畫出想像中的糖果國。 4. 能參與討論回答每個人的畫用的顏色、大小、真實性。 5. 能說出哪一幅畫較好。				

評量結果：4 代表達成該項目標 75%以上，3 代表達成該項目標 50%～75%，
2 代表達成該項目標 25%～50%，1 代表未達成該項目標 25%。

學習目標：共 5 項，通過項目（指評量較好或很好）共＿＿項。

針對特殊幼兒所做的調整：能說出糖果名稱。

延伸活動：將畫放在角落。

完成圖案（一）

學習經驗：空間、主動學習、聽及理解、說、經驗及表達想法、社會學習。

材料：蠟筆、彩色筆、作業單（2 張未完成的圖案）。

教學內容	學習目標	評量結果			
		不會 1	尚可 2	較好 3	很好 4
1. 把幼兒聚集起來，然後告訴他們：「昨晚我畫了一幅畫，可是我不知道如何來完成，你們或許可以幫我完成。」 2. 給每個幼兒自己未完成的圖，問他們要用什麼話來描述看到的圖，並且想想如何來完成它，讓每個幼兒都能表達他們的想法。 3. 當幼兒畫圖時，走到他們旁邊並和他們討論他的畫，鼓勵幼兒畫仔細一些，並使用多一點顏色和正當的大小。 4. 當幼兒畫好時，再給他第二張圖，讓他用不同方式來看這幅畫。 5. 當幼兒完成圖畫，鼓勵他們用特別的方法來表達，例如：它看起來像一棵會哭的樹，會掉眼淚。	1. 能夠說出如何完成圖畫。 2. 能畫仔細一些並使用多一點顏色和正當的大小。 3. 能用不同的方式來完成第二張圖案。 4. 能用不同的方式來描述完成的圖案。				

評量結果：4 代表達成該項目標 75%以上，3 代表達成該項目標 50%～75%，
　　　　　　2 代表達成該項目標 25%～50%，1 代表未達成該項目標 25%。

學習目標：共 4 項，通過項目（指評量較好或很好）共＿＿＿項。

針對特殊幼兒所做的調整：能將圖案著色或仿畫。

延伸活動：「完成圖案（二）」（請見下一個活動）。

作業單 1

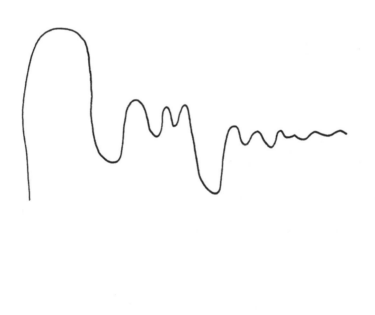

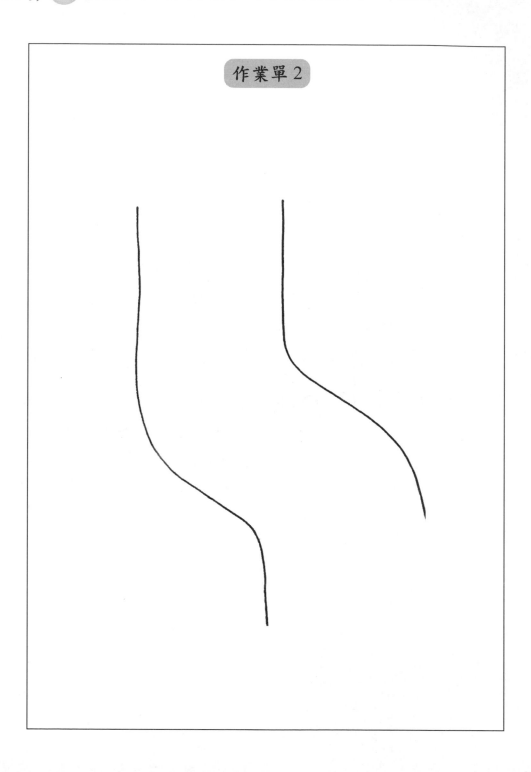

完成圖案（二）

學習經驗：空間、主動學習、聽及理解、說、經驗及表達想法、社會學習。

材料：每位幼兒一張學習單、蠟筆或麥克筆。

教學內容	學習目標	評量結果			
		不會 1	尚可 2	較好 3	很好 4
1. 老師拿起學習單讓每位幼兒都能看到，說：「這只是一張圖畫的開始，我們要如何完成它呢？」問幼兒有什麼建議，提醒他們可以有各種不同的作法。鼓勵幼兒想出許多的點子。 2. 現在把圖案倒過來，告訴幼兒：「這圖案倒過來又不一樣，你們要怎麼完成這圖案？」討論一會兒後，再把圖案左右顛倒，讓幼兒提出其他的想法。 3. 接著給每位幼兒一張紙，告訴他們：「我要你們每個人用不同的方法將圖案完成，在開始前，請你們先告訴我，你要怎麼完成。」鼓勵幼兒先將圖案擺在不同的方向後，說出他們要如何完成，確定每個幼兒的想法都是不同的，如果有人和別人的想法一樣時，告訴他：「已經有人想到這個方法了，請試著把它擺在不同的方向，想想是否有其他不同的方法。」	1. 能想出一種以上的方法來完成圖案設計。 2. 當圖案倒過來或左右相反時，幼兒能想出其他的方法。 3. 能想出並說出較為獨特的方法來完成圖案。 4. 能使用麥克筆或是蠟筆完成圖案，將他的想法實現。 5. 能分享圖案。				

教學內容	學習目標	評量結果			
		不會 1	尚可 2	較好 3	很好 4
4. 當任何一個幼兒決定他的想法後，讓他用麥克筆（或蠟筆）完成這個圖案，鼓勵幼兒盡量畫得仔細點，將這些完成的圖案給大家看，然後比較看看。					

評量結果： 4 代表達成該項目標 75%以上，3 代表達成該項目標 50%～75%，2 代表達成該項目標 25%～50%，1 代表未達成該項目標 25%。

學習目標： 共 5 項，通過項目（指評量較好或很好）共____項。

針對特殊幼兒所做的調整： 能仿畫或將線條連起來就好。

延伸活動：「畫臉」（請見下一個活動）。

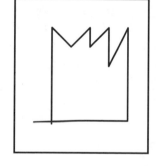

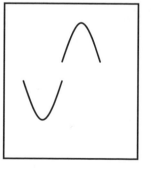

學習經驗：數、主動學習、聽及理解、說、經驗及表達想法、社會學習。

材料：臉的形狀（橢圓形、圓形、方形）、臉型畫、鉛筆、彩色筆、粉筆、蠟筆、圖片 4 張（老人、小孩、女人及男人臉）。

教學內容	學習目標	評量結果			
		不會 1	尚可 2	較好 3	很好 4
1. 讓幼兒看看每個人的臉，是否注意到每個人的臉型都不一樣，有些人的臉是橢圓的（舉起橢圓形圖）、圓的（舉起圓形圖）、方的（舉起方形圖）。 2. 給幼兒看一些臉的圖片，仔細看看這些臉和哪一種形狀一樣，讓他們選一張來畫，可以讓他們閉上眼睛，想一想臉的形狀。 3. 在選好要畫的臉的形狀（圓形、方形和橢圓形）後，在圖形上畫出臉型，最好畫的愈像愈好，讓他們選取他們想用的材料。 4. 畫好後，讓他們在圖形上加些東西，使圖形看起來不同，例如：加上頭髮，或改變嘴形，假如需要，給幼兒一些暗示，例如：建議把頭髮做些改變。 5. 最後，把幼兒的臉型畫排列出來，同時把畫家畫好的老人、小孩、女人及男人臉的圖畫 4 張拿出來和原來的形狀做個比較，讓幼兒說出最	1. 能選出一個臉型的形狀。 2. 能在臉的形狀上面畫臉。 3. 能在臉的圖畫上加以潤飾。 4. 能回答關於臉的問題： 　(1) 能說出喜歡的臉。 　(2) 能說出臉的形狀。 　(3) 能說出圖中臉的特徵。 　(4) 能說出如何讓臉看起來較特別。				

教學內容	學習目標	評量結果			
		不會 1	尚可 2	較好 3	很好 4
喜歡哪一幅，是否看出圖中臉的形狀，是否注意到圖中的人有何特徵，仔細看畫家的畫，說出畫家如何使一幅臉型畫，變得較特別。					

評量結果： 4 代表達成該項目標 75% 以上，3 代表達成該項目標 50%～75%，

2 代表達成該項目標 25%～50%，1 代表未達成該項目標 25%。

學習目標： 共 4 項，通過項目（指評量較好或很好）共 ＿＿＿ 項。

針對特殊幼兒所做的調整： 能畫出五官。

延伸活動： 做成面具。

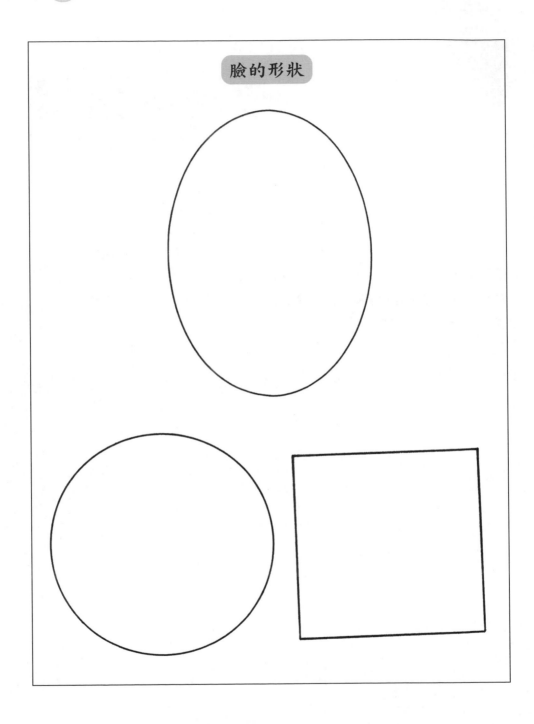

臉的形狀

臉型畫

臉的圖片

神祕的碗

學習經驗：空間、主動學習、聽及理解、說、經驗及表達想法、社會學習。

材料：蠟筆、紙、碗、小東西（例如：小娃娃或糖果，可放在碗的底部）

（註：確定幼兒不會看到碗的裡面，直到第三個步驟）。

教學內容	學習目標	評量結果			
		不會 1	尚可 2	較好 3	很好 4
1. 讓幼兒坐在地板上，把碗放在桌子上，這樣幼兒只能看到碗的外面，讓幼兒說一下看到什麼，可用形容詞來形容碗的形狀、材料等。 2. 告訴幼兒這是一個神祕的碗，在畫完這個神祕的碗之後，其中的祕密就可解開。給幼兒蠟筆和紙，要幼兒畫這個碗。 3. 然後讓幼兒可以看到碗的內部再畫一次，讓幼兒比較完成的圖畫。 4. 問幼兒說，看到碗的內部和只畫外部有何不同，跟幼兒討論其不同點，並解釋這是角度的問題，再和幼兒討論：看一個人的前面跟後面有什麼不一樣？ 5. 把碗裡頭的東西拿出來把碗放在地下，跟幼兒說假裝有東西在裡面，再畫一遍，假裝你看得到裡面的東西，鼓勵幼兒盡量發揮他們的想像力。	1. 能描述碗的外表特徵，例如：形狀、材料等。 2. 能畫碗。 3. 在看過碗的內部後，能再畫一次。 4. 能比較及討論畫的不同。 5. 能加上想像的東西再畫一次碗。				

評量結果：4 代表達成該項目標 75%以上，3 代表達成該項目標 50%～75%，2 代表達成該項目標 25%～50%，1 代表未達成該項目標 25%。

學習目標：共 5 項，通過項目（指評量較好或很好）共＿＿項。

針對特殊幼兒所做的調整：能說出碗的名稱。

延伸活動：再把東西移近一點，讓幼兒再畫一次，和幼兒談談距離不同對畫
　　　　　　的影響，例如：大小、形狀和外觀的不同。

以正方形作圖

學習經驗：空間、主動學習、聽及理解、說、經驗及表達想法、社會學習。

材料：每個幼兒一本裝訂 5 頁的小冊子（每頁都有一正方形，且每一正方形在每一頁的位置都相同）、一張畫有 2 個正方形的大白報紙、鉛筆、蠟筆或麥克筆。

教學內容	學習目標	評量結果			
		不會 1	尚可 2	較好 3	很好 4
1. 拿起裝訂好的小冊子讓幼兒看第一頁上有一個正方形。告訴幼兒：「有許多東西是正方形的。看看這一頁的正方形可畫成什麼東西呢？」當幼兒說出他們的想法後，選出一種想法，請幼兒在他們的小冊子上畫出這個圖形。當幼兒畫第一張圖畫時，提醒幼兒要畫得愈仔細愈好，例如：他們想畫房子，老師可以引導幼兒：「我看到房屋上有個門，但是門要怎樣打開呢？要開門需要什麼呢？或是我看到你的房子是用磚造的，真是漂亮。」 2. 第一張圖畫完成後，幼兒繼續用其他頁內的正方形來繪圖。最好每頁都不同。 3. 在幼兒作畫時，注意他們能否獨立完成。加大每位幼兒的座位距離，好讓幼兒不受他人的影響。作畫期間要不斷提醒幼兒，多想想不同的方法來作畫。	1. 能說出正方形可畫成什麼東西。 2. 能畫出自己的想法，並且畫得很仔細。 3. 能在每頁的正方形畫出不同的東西。 4. 能完成一頁有 2 個正方形的圖案。 5. 能分享畫的內容。 6. 能將有 2 個正方形的這一頁放在小冊子的最後一頁。				

教學內容	學習目標	評量結果			
		不會 1	尚可 2	較好 3	很好 4
4. 幼兒將每頁的圖形畫完後，讓幼兒看一張畫有 2 個正方形的圖案。告訴幼兒：「這一頁有些不同，因為上面有 2 個正方形。看看你們是否能用這 2 個正方形畫出一些東西？」當這些圖形畫好後，讓幼兒相互展示一下，然後將有 2 個正方形這頁加在小冊子的最後一頁。					

評量結果： 4 代表達成該項目標 75%以上，3 代表達成該項目標 50%～75%，2 代表達成該項目標 25%～50%，1 代表未達成該項目標 25%。

學習目標： 共 6 項，通過項目（指評量較好或很好）共____項。

針對特殊幼兒所做的調整： 能說出正方形形狀的物品或是將正方形著色。

延伸活動： 上述的正方形作圖，亦可延伸到：

　　⑴圓形。

　　⑵三角形。

　　⑶我喜歡的事物。

　　⑷夏天。

　　⑸我的家庭。

滾珠畫

學習經驗：主動學習、聽及理解、說、經驗及表達想法、社會學習。

材料：《夏天的天空》（台英）或是有天空圖片的書、有蓋的鞋盒（每位幼兒各一個）、兩三個加有不同顏色顏料的碗、湯匙（每位幼兒各一支）、幾顆彈珠、圖畫紙（剪成適合鞋盒內部的大小）。

教學內容	學習目標	評量結果			
		不會 1	尚可 2	較好 3	很好 4
介紹《夏天的天空》這本書來開始這個活動。 1.(1)集合幼兒然後談談要如何看圖畫中的事物，例如：雲，若此時天空中有幾朵雲，便讓幼兒看看窗外並問幼兒，他們看到什麼樣形狀的雲。 (2)要每位幼兒帶一個鞋盒並在裡面放一張紙，告訴幼兒們，他們將要做一張滾珠畫。 (3)要每一個人將一顆彈珠放入裝滿顏料的碗，然後用湯匙取出彈珠投入鞋盒內。讓幼兒們用第二顆（或第三、四顆）彈珠及顏料重複這項過程。 (4)當幼兒完成時，拿出鞋盒內的紙，讓幼兒觀察滾珠畫，問幼兒：「你在畫裡看到多少種不同的圖案，那是什麼樣的圖案？」鼓勵每一個幼兒為每張滾珠畫想一個標題。在討論每	1. 能說出天空中雲的形狀。 2. 能將彈珠放在裝滿顏料的碗中。 3. 能用湯匙將彈珠放入鞋盒滾動。 4. 能說出畫的圖案。 5. 能說出畫的標題。 6. 能在兩幅畫組合時說出看到的圖案。 7. 能利用幾幅畫編個故事。 8. 能說出一個獨特性高的故事。				

教學內容	學習目標	評量結果			
		不會 1	尚可 2	較好 3	很好 4
張畫之後，記錄所得到的各種反應，例如：「你能在這張滾珠畫裡看到許多不同的東西——一條船、雨滴、樹木、一隻蜘蛛、兩個風箏和一個籬笆。」 2. 接著把兩張滾珠畫，一張接著一張拿著，問：「在這兩幅組合的畫裡，你們看到什麼樣的新圖案？」鼓勵幼兒們把這兩幅畫想像成一大張的畫。 3. 然後選幾幅畫，由左至右排列在一起，放在幼兒面前，要幼兒根據這些畫編一個故事。 4. 最後要幼兒再根據這些圖畫說一個完全不同的故事，允許他們更換、增加或抽掉一些圖畫。					

評量結果：4 代表達成該項目標 75%以上，3 代表達成該項目標 50%～75%，
　　　　　　2 代表達成該項目標 25%～50%，1 代表未達成該項目標 25%。

學習目標：共 8 項，通過項目（指評量較好或很好）共＿＿＿項。

針對特殊幼兒所做的調整：能將沾滿顏料的彈珠放在鞋盒中滾動。

延伸活動：將彈珠放在角落讓幼兒探索其玩法。

玩彈珠

學習經驗：主動學習。

材料：彈珠（大、小）、玻璃瓶。

教學內容	學習目標	評量結果			
		不會 1	尚可 2	較好 3	很好 4
1. 將彈珠裝入玻璃瓶內，先讓幼兒聽聽聲音，猜猜瓶內是什麼東西。 2. 再取出彈珠，讓幼兒比較彈珠的大小。 3. 請幼兒握住彈珠，大拇指壓在彈珠下方，然後大拇指用力向外彈，將彈珠彈出，練習熟練後，可以將另一顆彈珠作為標的物，用手中的彈珠彈打另一顆彈珠（標的物），看是否可以打中。	1. 能比較大彈珠與小彈珠在瓶中所製造的聲音不同。 2. 能比較彈珠的大、小。 3. 能握住彈珠。 4. 能將大拇指壓在彈珠下方（做打彈珠的姿勢）。 5. 能將彈珠彈出手中。 6. 能用手中的彈珠彈打另一顆彈珠。				

評量結果：4 代表達成該項目標 75%以上，3 代表達成該項目標 50%～75%，
　　　　　　2 代表達成該項目標 25%～50%，1 代表未達成該項目標 25%。

學習目標：共 6 項，通過項目（指評量較好或很好）共＿＿項。

針對特殊幼兒所做的調整：能玩彈珠。

延伸活動：將彈珠放在角落讓幼兒探索其玩法。

吹畫

學習經驗：主動學習、聽及理解、社會學習。

材料：水彩筆、湯匙、吸管、廣告顏料、圖畫紙、小盒子。

教學內容	學習目標	評量結果			
		不會 1	尚可 2	較好 3	很好 4
1. 老師拿出調好的顏料，問幼兒各種顏料名稱，請幼兒回答。 2. 老師示範吹畫作法：水彩筆沾顏料滴在紙上或用湯匙舀適當的顏料倒在圖畫紙上→用吸管吹氣將顏料吹開→將剩餘顏料用水彩筆在旁作畫。 3. 收拾並分享。	1. 能回答顏料名稱。 2. 能專心聆聽與觀察老師示範。 3. 能用湯匙舀適當的顏料倒在圖畫紙上。 4. 能用吸管吹氣將顏料吹開。 5. 能吹出形狀，例如：直線。 6. 能利用水彩筆作畫。 7. 能協助收拾。 8. 能與其他幼兒分享作品。				

評量結果：4 代表達成該項目標 75%以上，3 代表達成該項目標 50%～75%，
2 代表達成該項目標 25%～50%，1 代表未達成該項目標 25%。

學習目標：共 8 項，通過項目（指評量較好或很好）共＿＿項。

針對特殊幼兒所做的調整：不會吹的幼兒可用手塗抹代替吹。

延伸活動：「泡泡畫」（請見下一個活動）。

學習經驗：空間、主動學習。

材料：製作泡泡水（洗衣粉加水）、廣告顏料、吸管、圖畫紙。

教學內容	學習目標	評量結果			
		不會 1	尚可 2	較好 3	很好 4
1. 老師拿出調好的泡泡水（洗衣粉加水），問幼兒什麼是泡泡水，請幼兒回答。 2. 老師示範泡泡畫步驟：把廣告顏料加入泡泡水中。 3. 讓幼兒把吸管在瓶中攪動使之產生泡泡。 4. 讓幼兒把泡泡吹在圖畫紙上。 5. 讓幼兒用手把泡泡碰破。 6. 收拾並分享。	1. 能說出泡泡水是洗衣粉加水做成的。 2. 當老師把廣告顏料加入時，會主動說出紅、黃、綠、藍、橘。 3. 會把吸管在瓶中攪動使之產生泡泡。 4. 能把泡泡吹在圖畫紙上。 5. 會用手把泡泡碰破。 6. 能用色在三種以上。 7. 能使泡泡重疊作畫。 8. 能收拾分享。				

評量結果：4 代表達成該項目標 75%以上，3 代表達成該項目標 50%～75%，
　　　　　2 代表達成該項目標 25%～50%，1 代表未達成該項目標 25%。

學習目標：共 8 項，通過項目（指評量較好或很好）共＿＿＿項。

針對特殊幼兒所做的調整：能吹泡泡或是用手把泡泡碰破。

延伸活動：在戶外時間進行吹泡泡活動。

學習經驗：空間、主動學習、聽及理解、說、經驗及表達想法、社會學習。

材料：色紙、圖畫紙、蠟筆、膠水。

教學內容	學習目標	評量結果			
		不會 1	尚可 2	較好 3	很好 4
1. 老師先呈現所需的材料，並詢問材料名稱。 2. 老師展示摺好的房子，再逐一教導幼兒利用對摺的方式摺出房子，並讓幼兒跟著仿摺學習。 3. 然後老師再將摺好的房子貼在圖畫紙上，讓幼兒跟著做，然後引導幼兒在圖畫紙及房子上作畫。 4. 最後，分享完成之作品。	1. 能觀察後說出材料名稱。 2. 能注意聽老師講解。 3. 能跟著老師的指令對摺。 4. 能自己完成房子。 5. 能使用膠水貼房子。 6. 能使用蠟筆完成構圖。 7. 能展示作品並說明所繪的內容。 8. 能安靜等待別人分享圖畫。				

評量結果：4 代表達成該項目標 75%以上，3 代表達成該項目標 50%～75%，
2 代表達成該項目標 25%～50%，1 代表未達成該項目標 25%。

學習目標：共 8 項，通過項目（指評量較好或很好）共____項。

針對特殊幼兒所做的調整：能將色紙對摺。

延伸活動：「幫忙找回家的路」（請見下一個活動）。

幫忙找回家的路

學習經驗：空間、主動學習、聽及理解、說。

材料：《三隻熊的故事》（企鵝）、學習單（路的圖片）、不同顏色及厚度的紙條、膠水、彩色筆、蠟筆、玩具小人、小房子。

教學內容	學習目標	評量結果			
		不會 1	尚可 2	較好 3	很好 4
1. 開始（引導）：講一個很短的故事，描述一個女孩和三隻小熊的故事，小女孩走進森林，迷路了，接著問幼兒：「能不能幫小女孩找到回家的路？」傳下材料，說：「這些是一些紙條和膠水、彩色筆及蠟筆，讓你們編故事用。」 2. 中間：讓幼兒自由的使用材料，並且讓幼兒彼此觀察，鼓勵幼兒描述他們所做的並幫助那些無法摺紙及排列紙條者。 3. 給幼兒一個玩具小人並且將玩具小人由起點沿著路走到房子。 4. 結束：讓他們去拜訪別人說出如何回到自己的家（記錄幼兒對方向的描述）。	1. 能聆聽老師說故事。 2. 能剪紙條。 3. 能把紙條重疊或黏貼在一起。 4. 能把紙條黏貼成三度空間（做橋、樓梯、站起來等）。 5. 能把膠水塗在紙上。 6. 能將紙條黏起來。 7. 能將紙條塗上顏色。 8. 能描述做的東西。 9. 能將玩具小人由起點沿著路走到房子。 10. 能說出如何回到家。 11. 能收拾。				

評量結果：4 代表達成該項目標 75%以上，3 代表達成該項目標 50%～75%，2 代表達成該項目標 25%～50%，1 代表未達成該項目標 25%。

學習目標：共 11 項，通過項目（指評量較好或很好）共＿＿＿項。

針對特殊幼兒所做的調整：能剪紙條。

延伸活動：1. 把紙條加到精細角。

2. 把作品陳列在桌上，作為隔天計畫時間用。

3. 問他們從學校到家裡應該怎麼走。

學習單

請幫小女孩找到回家的路。

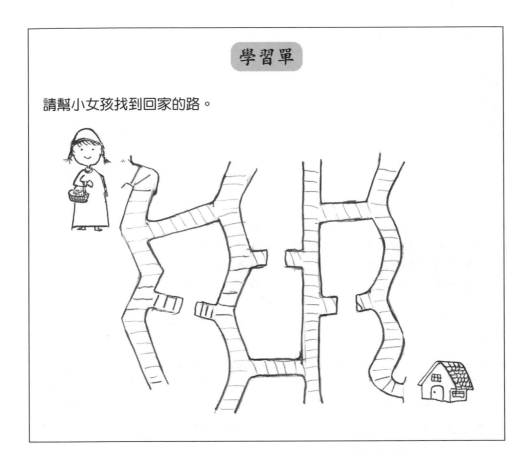

學習經驗：主動學習、聽及理解、說、經驗及表達想法、社會學習。

材料：棉紙、吸管 3 支、棉線、皺紋紙帶（將皺紋紙剪成長條形狀）。

教學內容	學習目標	評量結果			
		不會 1	尚可 2	較好 3	很好 4
1. 製作風箏：將棉紙對摺、畫線後，沿著線條剪，打開對摺，在紙上畫好圖案，黏縫骨架、橫骨架，再將棉線綁好，最後，再貼上飄帶，完成後請幼兒試飛。 2. 最後，回來收拾自己的桌面，說明為什麼風箏會飛。	1. 能注意看老師示範。 2. 能沿著線剪。 3. 能用吸管貼好自己的骨架。 4. 能將棉線綁好。 5. 能貼上飄帶。 6. 能試飛。 7. 能說明風箏為什麼會飛。				

評量結果：4 代表達成該項目標 75%以上，3 代表達成該項目標 50%～75%，
　　　　　　2 代表達成該項目標 25%～50%，1 代表未達成該項目標 25%。

學習目標：共 7 項，通過項目（指評量較好或很好）共＿＿＿項。

針對特殊幼兒所做的調整：能說出風箏的名稱。

延伸活動：放風箏。

我的名片

學習經驗：主動學習、聽及理解、說、寫、經驗及表達想法、社會學習。

材料：空白彩色名片紙（每人 3～5 張）、現成的名片、姓名印章、粗細不同的彩色筆、油性簽字筆、卡通貼紙。

教學內容	學習目標	評量結果			
		不會 1	尚可 2	較好 3	很好 4
1. 老師展示現成的名片，並介紹名片的功能及用法，例如：讓第一次相見的人一看就知道彼此的姓名、工作地點、頭銜、地址、電話、就讀學校等……。 2. 提示幼兒名片的重要內容。 3. 發下材料，讓幼兒自製名片（程序：在空白名片紙上繪上花邊設計→蓋上姓名→寫上電話）。 4. 請幼兒一一展示自己的名片。 5. 做名片交換的遊戲。	1. 能說出名片。 2. 能安靜專心聆聽老師的介紹。 3. 能說出名片的功能（一種以上）。 4. 能為空白的名片紙做花邊設計，或貼上小貼紙。 5. 能將姓名印章蓋在名片紙空白處。 6. 能在名片紙上寫上電話。 7. 能與其他幼兒玩名片交換遊戲（問好→遞名片→說出自己的姓名、就讀學校）。				

評量結果：4 代表達成該項目標 75%以上，3 代表達成該項目標 50%～75%，2 代表達成該項目標 25%～50%，1 代表未達成該項目標 25%。

學習目標：共 7 項，通過項目（指評量較好或很好）共＿＿項。

針對特殊幼兒所做的調整：能使用貼紙及名字印章。

延伸活動：將製作好的名片貼在自己的工作櫃。

紙影戲製作

學習經驗：空間、主動學習、聽及理解。

材料：圖畫紙、彩色筆、玻璃紙、膠帶、竹筷（免洗筷）、手電筒、剪刀。

教學內容	學習目標	評量結果			
		不會 1	尚可 2	較好 3	很好 4
先自製紙偶，再操作紙偶，觀察其用手電筒近照射及遠照射下影子之變化。	△操作、轉換及組合材料（主動學習 5）： 1. 能在圖畫紙上畫紙影戲主角。 2. 能在圖畫紙上貼上紙影戲主角。 3. 能用剪刀剪下。 4. 能在某部位剪洞。 5. 能在洞口背後貼玻璃紙。 6. 能用膠帶在紙後固定竹筷。 △觀察及描述一些變化（科學 4）： 7. 能用手電筒照射紙偶投影於牆壁上。 8. 能移動手電筒觀察及描述其變化（影子因手電筒從近照射、從遠照射而產生影子大小的變化）。				

評量結果：4 代表達成該項目標 75%以上，3 代表達成該項目標 50%～75%，
2 代表達成該項目標 25%～50%，1 代表未達成該項目標 25%。

學習目標：共 8 項，通過項目（指評量較好或很好）共＿＿＿項。

針對特殊幼兒所做的調整：能在圖畫紙上貼上紙影戲主角。

延伸活動：表演紙影戲。

六、社會及情緒領域活動

　　此部分的活動是為了檢核及增進幼兒社會及情緒能力所設計的課程，藉著這些活動，培養他們與他人相處和領導他人做事的能力。

　　此部分的每項活動都劃分為四個技巧，每個技巧對社會及情緒能力的發展都非常的重要，這樣的劃分有利於教師在活動進行時檢核幼兒的表現。有些幼兒在這些技巧的某些方面，會有很出色的表現，但是從另一方面來說，也有些幼兒會在某些技巧上感到吃力或是缺乏興趣，而需要額外的幫助或鼓勵。

　　在社會及情緒領域開頭的三項活動進行後，教師會很清楚幼兒較強或較弱的技巧是在哪一方面，根據這些結果，即使技巧較弱，教師也可以擬定一套發展計畫（透過 IEP 會議或自行設計），經由修正活動以及日常的生活教學，以提供該幼兒最適合的社會及情緒能力訓練。

　　當教師仔細觀察時，自然能發現幼兒表現出社會及情緒的四個技巧，分別為：

1. 自信：對自己評價高，並對自己的優點和缺點都很了解。
2. 組織能力：能完成既定的計畫，並且投入其中。
3. 敏感度：對他人（如其他幼兒、成人、動物等）表現出照顧和關懷的態度。
4. 說服力：能影響他人，能吸引他人的興趣及參與。

社會及情緒的學習經驗如下：

1. 經驗及表達想法。
2. 主動學習。
3. 和他人談及或分享自己的經驗（說1）。
4. 表達自己的需求、喜好、感覺（說3）。

　　下列活動能提供幼兒練習社會及情緒技巧的機會，並對這些技巧感到有信心。具有社會及情緒技巧亦可使幼兒在其他方面表現優異，他們的生活經驗將能表現的更成功，因為他們和他人有較好的人際關係，面臨挑戰和危險時也有較大的信心。

辦 PARTY

學習經驗： 主動學習、聽及理解、說、寫、經驗及表達想法、社會學習。
材料： 製作裝飾品的剪刀、膠帶、麥克筆、色紙、黑板、粉筆。

教學內容	學習目標	評量結果			
		不會 1	尚可 2	較好 3	很好 4
1. 對幼兒說：「我想舉行一個有趣的聚會，我需要你們幫忙計畫決定開什麼聚會」（例如：開生日聚會、同學會或兒童節聚會等。） 2. 給幼兒一點時間討論，然後說：「現在讓每個人說出意見，並解說你為什麼喜歡這種聚會及為什麼應該舉行。」等每位幼兒說明完之後，投票表決應舉辦哪一種聚會。 3. 接著說：「現在聚會性質已決定，接著請討論這種聚會需要什麼東西，我來記錄你們的意見。」必要時才給予他們協助。 4. 對幼兒說：「現在聚會種類、需要的東西都已決定了，再來決定由誰負責準備這些東西、誰負責裝飾及誰負責設計遊戲？」並將討論結果記在黑板上。 5. 然後讓他們開始進行工作，依幼兒所分配到的任務分組。發給製作裝飾品的材料，並請他們將食物和遊戲的意見寫下來（鼓勵幼兒記下適合本聚會主題的任何想法和該準備的東西）。	1. 能一起討論。 2. 能說出要舉辦什麼樣的聚會。 3. 能提出如何準備聚會的建議。 4. 能接納其他幼兒的想法。				

評量結果：4 代表達成該項目標 75%以上，3 代表達成該項目標 50%～75%，

2 代表達成該項目標 25%～50%，1 代表未達成該項目標 25%。

學習目標：共 4 項，通過項目（指評量較好或很好）共＿＿項。

針對特殊幼兒所做的調整：能說出曾參加過哪一種聚會。

延伸活動：1. 舉行聚會。

2. 讓幼兒策劃一個特別節目。

七、大動作領域活動

此部分的活動是為了檢核及增進幼兒大動作能力所設計的課程，藉著這些活動，培養他們的大動作技巧。

此部分的每項活動都劃分為四個技巧，每個技巧對大動作能力的發展都非常的重要，這樣的劃分有利於教師在活動進行時檢核幼兒的表現。有些幼兒在這些技巧的某些方面，會有很出色的表現，但是從另一方面來說，也有些幼兒會在某些技巧上感到吃力或是缺乏興趣，而需要額外的幫助或鼓勵。

在大動作領域開頭的二項活動後，教師會很清楚幼兒較強或較弱的技巧是在哪一方面，根據這些結果，可以修改其餘的活動以及日常的生活教學，以提供該幼兒最適合的大動作能力訓練。

大動作能力四個技巧的劃分方式如下：

1. 協調性：在進行各種體能活動時，具平衡感、節奏感，以及控制的能力；在大動作的活動上，對於規則性或移動性的目標，其手臂與腳的動作能配合的很好。

2. 堅持度：具備充分的體力和耐力去做各種不同的活動，並且能持續不同的時間長度。

3. 富於表現：在做各種動作時，有很豐富的想像力和創造力。

4. 敏捷：在進行體能活動時，動作輕快靈活，有彈性。

這部分的活動是以有趣的方式，讓幼兒有機會加強大動作的技巧，這對於動作能力的提升有所幫助。知動能力對於幼兒有各方面的益處，它可以運用在好幾種不同的職業上，也可以做創造性或娛樂性的活動，對於日常生活中需要力氣和協調性的工作也很有用處。當教師幫助幼兒對自己的體能有信心時，同時也幫助幼兒建立了穩固而健康的自我概念。

學習經驗：主動學習、聽及理解、說。

材料：每人一塊布、繩子一條。

教學內容	學習目標	評量結果			
		不會 1	尚可 2	較好 3	很好 4
1.老師對幼兒說一個故事：「從前有一對兄弟，哥哥叫小丹，弟弟叫小威。他們都很喜歡玩，很喜歡跑跑跳跳，且總是玩在一塊兒。有一天，哥哥開始上學了，沒有人和小威玩，所以如果要到外面玩，他只能一個人去，他不敢告訴別人，他好怕自己一個人到外面玩。有一天晚上小威睡覺時，心情好難過，突然間，有一道亮亮的光線出現在他的房間，這道光愈來愈亮、愈來愈亮，小威拉開了毯子，把頭探出來。突然有一個小小的聲音對他說：『小威，你好！』小威幾乎不敢相信自己的眼睛——一個仙女站在他的面前，仙女對他說：『我聽說你不敢一個人到外面去玩，現在我要送你一塊神奇的布，只要你緊緊地握著它，不論你去到哪裡，都會很安全。』在一陣光之後，仙女不見了，小威認為，大概是自己在作夢吧？可是，他手上真的握著一塊布呢！小威好高興，他拿起	1.能聆聽老師說故事。2.能往上跳。3.能倒退著走線。4.能跳過一條繩子。5.能跳到門口。6.能說出神奇的布之功用。				

教學內容	學習目標	評量結果			
		不會 1	尚可 2	較好 3	很好 4
了神奇的布，跳下了床，在房裡跳過來跳過去。」 2. 暫停故事，給每位幼兒一塊布，請幼兒學學小威快樂的跳舞情形。 3. 繼續故事：「隔天早上，一吃完了早餐，小威就拿著神奇的布到外面去。首先他往上跳，跳得好高，然後他假裝自己是小體操手，倒退著走過地上的線，他很小心地一步一步地走，就像電視上看到的體操選手一樣。」 4. 請幼兒假裝自己是小威，拿著那塊神奇的布，往上跳，盡可能的跳高，然後假裝自己是體操手，倒退著走過地上的線。 5. 繼續故事：「小威開始在屋子裡到處跑，他碰到一條繩子擋在前面，他假裝那是一條蛇，然後高高的跳過了它。」 6. 讓幼兒像小威一樣跳過繩子。 7. 繼續故事：「小威覺得好有趣，他決定要用跳的方式，去告訴媽媽這一切的事。」 8. 問幼兒：「你們可以一路跳到教室外面嗎？」 9. 繼續故事：「從此小威不再害怕了，不久他就再也不需要神奇的布了。」					

評量結果：4 代表達成該項目標 75%以上，3 代表達成該項目標 50%～75%，
　　　　　　2 代表達成該項目標 25%～50%，1 代表未達成該項目標 25%。

學習目標：共 6 項，通過項目（指評量較好或很好）共＿＿＿項。

針對特殊幼兒所做的調整：不能跳的幼兒可以用走的。

延伸活動：利用戶外時間進行跑跑跳跳或是跳繩活動。

八、音樂領域活動

此部分的活動是為了檢核及增進幼兒音樂能力所設計的課程，藉著這些活動，培養他們對音樂的敏感度及理解，進而增進其創造音樂的能力。

此部分的每項活動都劃分為四個技巧，每個技巧對音樂能力的發展都非常的重要，這樣的劃分有利於教師在活動進行時檢核幼兒的表現。有些幼兒在這些技巧的某些方面，會有很出色的表現，但是從另一方面來說，也有些幼兒會在某些技巧上感到吃力或是缺乏興趣，而需要額外的幫助或鼓勵。

在音樂領域開頭的三項活動進行後，教師會很清楚幼兒較強或較弱的技巧是在哪一方面，根據這些結果，可以修改其餘的活動以及日常的生活教學，以提供該幼兒最適合的音樂能力訓練。

音樂能力四個技巧的劃分方式如下：

1. 傾聽：能察覺到音樂及環境中的聲音，並且能指出其特色。
2. 表演：能唱出、拍出、哼出或彈出樂曲。
3. 音樂鑑賞：能辨認、欣賞及評估不同型態的音樂。
4. 獨創性：能創作及欣賞不同的或不尋常的音樂。

學習經驗：分類、聽及理解、經驗及表達想法。

材料：音樂 CD。

教學內容	學習目標	評量結果			
		不會 1	尚可 2	較好 3	很好 4
1. 告訴幼兒音樂可以改變心情，例如：當你覺得不快樂時，唱唱歌心情就會好一些。告訴幼兒音樂有快慢及大小，快樂的音樂通常是很輕快、很大聲，問幼兒： ⑴當一位母親要哄她的小寶寶入睡時，音樂應該是安靜的、慢慢的、輕柔的、低低的。 ⑵遊行時的音樂又是怎樣呢？它應該是大聲的、節奏很快的，且聲音平穩的。 ⑶讓幼兒多多觀察電視或電影中的音樂，是否和劇中的情節配合。 ⑷哀傷的音樂又是怎樣？讓幼兒描述它的特徵。 2. 讓每位幼兒唱一首歌，把心裡的快樂或哀傷唱出來，再讓其他幼兒討論歌中表達的是哪一種情緒？ 3. 讓幼兒說出當天的心情，為幼兒播放一首簡單的樂曲，可用哼唱來表示，讓幼兒說說看音樂中能否表達出他的感覺？ 4. 放一段音樂 CD，然後讓幼兒指出這段音樂是讓人快樂還	1. 能聆聽老師的講解。 2. 能唱一首歌描述自己的心情。 3. 能說出自己的心情。 4. 能說出音樂中能否表達出自己的感覺。 5. 能分辨音樂是快樂的還是傷心的。				

教學內容	學習目標	評量結果			
		不會 1	尚可 2	較好 3	很好 4
是感到悲傷，還是讓人有跳舞或是踏步的感覺？					

評量結果：4 代表達成該項目標 75%以上，3 代表達成該項目標 50%～75%，
2 代表達成該項目標 25%～50%，1 代表未達成該項目標 25%。

學習目標：共 5 項，通過項目（指評量較好或很好）共＿＿項。

針對特殊幼兒所做的調整：能跟著唱歌。

延伸活動：放一些心情音樂 CD 在音樂角落讓幼兒試聽。

學習經驗：分類、主動學習、聽及理解。

材料：任何可以表現或製造高低音的樂器（例如：鋼琴、木琴或自製的樂器，或用湯匙敲東西，也可以製造出各種高音及低音）、鉛筆。

教學內容	學習目標	評量結果			
		不會 1	尚可 2	較好 3	很好 4
1. 告訴幼兒：「今天要玩一種傾聽遊戲，現在每個人把眼睛閉上，仔細地聽，告訴我你聽到什麼？」在描述過各種聲音之後，請幼兒睜開眼睛，問幼兒有沒有注意到聲音的不同？例如：有些聲音很大、有些很小、有些很高、有些很低。假如幼兒仍無法分辨，再讓他們聽一次。 2. 在樂器上彈出高低音，讓幼兒跟著樂器聲音做動作。當聲音高時，做出拉高的身體動作，當聲音低時，彎下身體，多練習個幾次，聲音有時高有時低，讓幼兒練習。 3. 給幼兒每人一枝鉛筆作為樂器，看看如何用這枝鉛筆製造高音及低音，比較用筆尖敲出來的聲音和鉛筆的頂端敲出來的聲音有何不同？讓幼兒用筆到教室各處敲一敲。 4. 和幼兒討論他們剛剛製造出來的聲音，哪些聲音聽起來最好聽？哪些是高音，哪些是低音？在討論之後，讓幼兒知道高音及低音都可以製造出音樂。	1. 能分辨高低音。 2. 能跟著樂器聲音高低做動作。 3. 能用鉛筆的筆尖和鉛筆的頂端敲出聲音。 4. 能說出敲鉛筆的筆尖和敲鉛筆的頂端出來的聲音哪一個高。 5. 能說出敲出來的聲音，哪些聲音聽起來較好聽。 6. 能知道高音及低音都可以製造出音樂。				

評量結果：4 代表達成該項目標 75%以上，3 代表達成該項目標 50%～75%，
　　　　　　2 代表達成該項目標 25%～50%，1 代表未達成該項目標 25%。

學習目標：共 6 項，通過項目（指評量較好或很好）共＿＿＿項。

針對特殊幼兒所做的調整：能分辨聲音大小。

延伸活動：放一些音樂讓幼兒跟著音樂做動作。

我會打拍子

學習經驗：分類、主動學習、聽及理解。

材料：鼓、音符表、音樂 CD。

教學內容	學習目標	評量結果			
		不會 1	尚可 2	較好 3	很好 4
1. 老師說：「今天我們要玩打拍子的遊戲，我要你們跟著我的節拍打拍子，你們要聽我打完拍子再拍手，或是跟著我一起打拍子。」 當幼兒學會如何打拍子時，再試試三種節奏讓幼兒學著打： (1) (2) (3) 2. 老師再說：「現在試著自己創造一些節拍，比如現在要自我介紹，當自我介紹時，把自己要說的話配合節拍打出來。」讓每位幼兒按自己要講的句子打拍子： 我　是　×　×　×	1. 能聆聽節奏而且打出拍子。 2. 能按自己要講的句子打拍子。 3. 能跟著鼓的節奏移動。 4. 能分辨出音樂CD中的節奏是一直不變還是變來變去。 5. 能說出共有幾種節奏，節奏是快還是慢。 6. 能自創節奏。				

教學內容	學習目標	評量結果			
		不會 1	尚可 2	較好 3	很好 4
3. (1)拿出一面鼓，讓幼兒把眼睛閉上聽聽拍子如何打？先慢慢打第一個音，愈來愈大聲，每四拍一個循環，不要建議幼兒應如何打拍子，最好選出一個幼兒先示範給其他幼兒看： ♩♩♩♩					
(2)接著介紹一些較不規則的節拍，例如：一個長拍跟著一個短拍： ♩.♪♩.♪♩.♪					
(3)再嘗試另一種輕快點的節拍，第一拍聲音較強，慢慢減弱，以四拍作為一循環，拍子如： ♪♪♪♪♪♪♪♪					
(4)接著讓大家站起來跟著鼓聲的快慢走。幼兒可以隨性走出各種舞步，只要跟著節拍走即可，隨時變換節拍，不要固定同一種節拍。對於拍子走對的幼兒，給予獎勵。					
4. 放一段音樂CD，讓幼兒仔細聆聽其中的節奏，問幼兒節奏是一直不變還是變來變去？總共有幾種節奏？節奏是快還是慢？					

教學內容	學習目標	評量結果			
		不會 1	尚可 2	較好 3	很好 4
5. 讓幼兒用鼓自己創造節奏。 註：以下是不同音符的名稱及每一種音符的長度： 1234 全音符 12　34 二分音符 1　2　3　4 四分音符 1 和 2 和 3 和 4 和 八分音符					

評量結果：4 代表達成該項目標 75%以上，3 代表達成該項目標 50%～75%，
　　　　　　2 代表達成該項目標 25%～50%，1 代表未達成該項目標 25%。

學習目標：共 6 項，通過項目（指評量較好或很好）共＿＿＿項。

針對特殊幼兒所做的調整：能敲鼓。

延伸活動：1. 準備音樂 CD 讓幼兒跟著音樂拍手或配合音樂打擊樂器。

　　　　　　2.「躲迷藏」（請見下一個活動）。

躲迷藏

學習經驗：分類、主動學習、聽及理解、說。

材料：三或四種樂器（例如：三角鐵、鼓、響板、響鈴）。

教學內容	學習目標	評量結果			
		不會1	尚可2	較好3	很好4
1. 讓一個幼兒任選一種樂器，請其他幼兒閉上眼睛，好讓被選出的幼兒帶著樂器藏起來並獨自彈奏樂器，這時其他幼兒可以把眼睛睜開。 2. 當躲藏起來的幼兒繼續彈奏時，問問其他幼兒能不能找出聲音的方向。 3. 和幼兒討論聲音的特徵，是大聲還是小聲？是否聯想到其他的事？討論完後再換一個幼兒藏起來，重複上面的步驟。 4. 在每一個幼兒都輪流過後，和幼兒們討論如何改變樂器的聲音，例如：敲打蓋上一件毛衣的鼓，聲音是否不一樣？	1. 能獨自彈奏樂器。 2. 能分辨聲音的方向。 3. 能描述聽到的聲音。 4. 能聯想到其他的事。 5. 能說出樂器的聲音是否不一樣。				

評量結果：4 代表達成該項目標 75%以上，3 代表達成該項目標 50%～75%，2 代表達成該項目標 25%～50%，1 代表未達成該項目標 25%。

學習目標：共 5 項，通過項目（指評量較好或很好）共＿＿＿項。

針對特殊幼兒所做的調整：能讓樂器發出聲音。

延伸活動：「你唱什麼」（請見下一個活動）。

你唱什麼

學習經驗：聽及理解、說、經驗及表達想法、社會學習。

材料：無。

教學內容	學習目標	評量結果			
		不會 1	尚可 2	較好 3	很好 4
1. 告訴幼兒將用唱歌的方式問他們一些問題，他們必須也用唱歌回答，而且必須用同一種調子，例如：老師唱：「小朋友，你在哪裡？」小朋友回答：「我在這裡。」 你 在 哪 裡　我 在 這 裡 2. 讓幼兒輪流扮演老師，其他幼兒回答，扮演老師者試著用不同的曲調表達。 3. ⑴和幼兒討論觀眾是什麼，觀眾的工作就是要欣賞別人的演出，而且仔細地聆聽，聽完後要鼓掌。 　⑵接著讓幼兒輪流獨自表演，例如：獨唱，當一個幼兒上來表演時，其他幼兒就是聽眾。 　⑶哼一首熟悉的曲子，讓幼兒們猜猜看是什麼歌，然後再讓每位幼兒哼一首他熟悉的歌，每一個人哼唱完後帶著其他幼兒拍手。 4. 和幼兒討論剛剛聽到的曲子，讓幼兒知道當一個音樂家在演奏時，他是用音樂來	1. 能用同一種調子唱出問題的答案。 2. 能跟著老師唱：「小朋友，你在哪裡？」 3. 能在其他幼兒面前獨唱。 4. 能猜出其他幼兒唱的歌。 5. 能說出聽到的曲子是悲傷還是快樂。 6. 能判斷哪一個人表演的最好。				

教學內容	學習目標	評量結果			
		不會 1	尚可 2	較好 3	很好 4
和人說話。音樂可以告訴我們很多事情，例如：哀傷的音樂讓人覺得悲哀；一個好的音樂家應該隨著彈奏的曲子表達出不同的情感，例如：一個悲傷的曲子，演奏者看起來是傷感的。 5. 最後再讓幼兒想一想，剛剛的表演哪一個最好？並說出原因。					

評量結果：4 代表達成該項目標 75%以上，3 代表達成該項目標 50%～75%，
　　　　　2 代表達成該項目標 25%～50%，1 代表未達成該項目標 25%。

學習目標：共 6 項，通過項目（指評量較好或很好）共＿＿＿項。

針對特殊幼兒所做的調整：能跟著唱。

延伸活動：「音符遊戲」（請見下一個活動）。

音符遊戲

學習經驗：主動學習、聽及理解、說、閱讀。

材料：五線譜、上行及下行音節、幼兒樂譜、白板、白板筆。

教學內容	學習目標	評量結果			
		不會 1	尚可 2	較好 3	很好 4
1. 老師說：「我們稱製作音樂的人為作曲家，作曲家要人們完全照他寫的曲子來彈奏，便把音樂寫在五線譜上，五線譜有五條線所以稱之為五線譜。五線譜上有一個高音譜記號，當音符往上走時，音符就愈來愈高，往下走時就愈來愈低，這就是一個音節如何形成。」 2. 接著把這個音節唱給幼兒聽，讓幼兒仔細地聽。這個音節只有五個音，且音符愈來愈往上，然後問幼兒這個音節聲音是否愈來愈高？這就是作曲工作，他可以把音改變，愈來愈高或愈來愈低，再由老師把它唱出來，讓幼兒聽聽看。 3. 接著由老師唱第二段音節給幼兒聽，這個音節五個音符是愈來愈往下，再和幼兒討論一下，問他們音樂是往上還是往下。 4. 接下去，給幼兒看一個作曲家寫的歌的一小段，然後讓幼兒邊用手勢表示上或下，一邊唱出；讓幼兒在五線譜上找出哪一個音符較高或較低。	1. 能說出五線譜上有五條線。 2. 能說出高音譜在哪裡。 3. 能分辨哪一個音節是上行，哪一個是下行音節。 4. 能一邊用手勢表示上或下，一邊唱出。 5. 能在五線譜上找出較高或較低的音符。 6. 能指出樂曲中的特殊符號 f 或 p。				

教學內容	學習目標	評量結果			
		不會 1	尚可 2	較好 3	很好 4
5. 接著讓幼兒仔細看某一樂譜，從中發現 p 與 f 這兩種記號，p 是 piano 的縮寫，代表聲音愈來愈小，f 是 forte 的縮寫，代表聲音愈來愈大，pp 是指非常小聲，ff 是指非常大聲，讓幼兒在這些曲子上找出這些符號。					

評量結果：4 代表達成該項目標 75%以上，3 代表達成該項目標 50%～75%，
　　　　　　2 代表達成該項目標 25%～50%，1 代表未達成該項目標 25%。

學習目標：共 6 項，通過項目（指評量較好或很好）共＿＿＿項。

針對特殊幼兒所做的調整：能跟著唱。

延伸活動：「讓我們來做一首曲子吧」（請見下一個活動）。

五線譜及高音譜記號

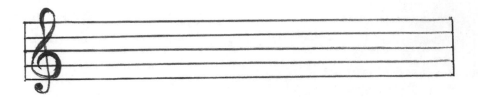

上行音節

下行音節

現成的五線譜

讓我們來做一首曲子吧

學習經驗：聽及理解、說、經驗及表達想法。

材料：兒歌 2 首、手繪 piano 與 forte 的卡片、鋼琴或鈴鐺。

教學內容	學習目標	評量結果			
		不會 1	尚可 2	較好 3	很好 4
1. 告訴幼兒一個好的音樂不只是音符而已，選一首幼兒的歌，然後唱這首歌給幼兒聽，並讓幼兒跟著唱，盡量不要裝飾這首歌，然後問幼兒有何方法可以讓這首歌唱起來較好聽。在幼兒表示後再來解釋讓這首歌變得好聽的方法，就是改變它的大小聲，一首音樂表現其大小聲的方法，稱之為動感。讓幼兒試著聽聽看，改變大小聲後的曲子，且加上裝飾後和原來曲子有何不同。 2. 接著和幼兒玩一個音樂遊戲，把字卡拿出，告訴幼兒作曲的人會把這些符號放在曲子中，如此表演者才知道如何表現，然後向幼兒解釋 forte 就是大聲的唱，但是不要用吼叫的，再來拿出 piano 這張卡，指的是小聲的意思，看到這個字就是要小聲的唱；接下來找出兩首幼兒熟悉的歌，老師將大小聲卡片放在曲子中，讓幼兒唱出大小聲。	1. 能想出讓曲子好聽的方法。 2. 能跟著老師唱歌。 3. 能說出改變大小聲的曲子和原來的不同。 4. 能將大小聲卡片放在兒歌中並表現出來（例如：唱大聲或唱小聲）。				

評量結果：4 代表達成該項目標 75%以上，3 代表達成該項目標 50%～75%，
2 代表達成該項目標 25%～50%，1 代表未達成該項目標 25%。

學習目標：共 4 項，通過項目（指評量較好或很好）共＿＿項。

針對特殊幼兒所做的調整：能跟著唱。

延伸活動：「鼓樂」（請見下一個活動）。

卡片

piano

forte

學習經驗： 主動學習、聽及理解

材料： 鼓或自製鼓（可將垃圾筒反過來）

教學內容	學習目標	評量結果			
		不會 1	尚可 2	較好 3	很好 4
1. 告訴幼兒，今天要用鼓拍打出不同的節奏。先給幼兒聽聽不同的節奏，當老師彈此節奏時，請仔細地聽，第一個節奏是： ♩♩♩♩♩ :‖ 把這個節奏彈奏幾次後，請幼兒跟著節奏打拍子，然後再彈第二個節奏： ♩♩♩ ξ :‖ 彈奏完後跟幼兒討論第一與第二個節奏有何不同？請幼兒把第二個節奏拍打一次。 2. 要幼兒站起來跟著鼓聲走，讓這鼓聲告訴腳如何前進，不要管別人如何走，照自己的意思前進即可；接著老師彈出另一個節奏，再讓幼兒跟這節奏走，節奏如下： ♫♩♩ ξ :‖ 3. 當幼兒前進時，不管幼兒怎麼走，都給予鼓勵，然後繼續以下的節奏，請幼兒跟著節奏走：	1. 能跟著鼓聲的節奏拍手。 2. 能跟著鼓聲的節奏前進。 3. 能自己用鼓創造一個節奏，並表演之。 4. 能說出馬在奔跑時，樂曲應會變得很快還是很慢。 5. 能根據情境的不同，用鼓拍打出不同節奏或以拍手來表現。 6. 能說出當烏龜在走路時，和青蛙在跳躍時，應是用快還是慢的節奏來表現。				

教學內容	學習目標	評量結果			
		不會 1	尚可 2	較好 3	很好 4
(1) ♩ ♩ ♩ ♩ :‖ (2) ♩ ♩ ♩ ♩ ♩ ♩ :‖ (3) ♩. ♩ ♩. ♩ :‖ 4. 讓幼兒想一些特別的節奏，並用鼓聲來表現，最好每位幼兒用鼓打出的節奏都不同，鼓勵幼兒從較短的節奏開始。 5. 最後和幼兒討論節奏的重要性，然後讓幼兒知道作曲家或寫音樂的人會用節奏來表達內心的情感，比如說一個音樂家想要表達馬在奔馳時的感受，樂曲應會變得很快、很不平均呢？還是很慢、很強？然後讓幼兒試著將此節奏打出，接下去可用同樣方式問幼兒：如果你是作曲家，將要如何表達下面的感覺：當烏龜在走路時，和青蛙在跳躍時，應如何用節奏來表現。					

評量結果：4 代表達成該項目標 75%以上，3 代表達成該項目標 50%～75%，2 代表達成該項目標 25%～50%，1 代表未達成該項目標 25%。

學習目標：共 6 項，通過項目（指評量較好或很好）共＿＿＿項。

針對特殊幼兒所做的調整：能跟著鼓聲前進。

延伸活動：「美妙的音樂」（請見下一個活動）。

美妙的音樂

學習經驗：主動學習、聽及理解、說、經驗及表達想法。

材料：隔板（可以用書架、鋼琴或紙等代替）、五種樂器（例如：鈴、鼓、三角鐵或是自製的樂器，如易開罐中裝有石頭、砂紙積木，或是兩根棍子）。

教學內容	學習目標	評量結果			
		不會 1	尚可 2	較好 3	很好 4
1. 把三種樂器藏在隔板後面（事先應把這三種樂器給幼兒看），選一個幼兒在隔板後，一次彈一種樂器，其他人仔細聽，彈奏完三種樂器後，請其他幼兒依照聽到的聲音彈出來，如果彈對了，輪到其藏到隔板後面，彈樂器給大家聽。 2. 讓幼兒知道每個人對音樂的喜好是不同的，例如：有人喜歡很大聲，而有的人喜歡輕柔的聲音，再問幼兒當有人在敲樂器時，你是喜歡重重的敲，還是輕輕的敲？還有最喜歡哪一種樂器的聲音？ 3. 再加入兩種樂器，讓樂器由三種變成五種。先向幼兒介紹新加入的兩種樂器，並且把它們放在隔板後，再選出一個幼兒到隔板後自行挑出五種之中之三種樂器，一一彈奏，再讓其他幼兒仔細地聽並讓其中一個幼兒猜一猜彈奏的是哪三種樂器，讓每位幼兒都有機會表演。	1. 能彈奏三種樂器。 2. 能說出是喜歡重重的敲，還是輕輕的敲。 3. 能描述最喜歡哪一種樂器的聲音。 4. 能說出彈奏的是哪三種樂器。 5. 能用五種樂器製造出不同的組合。 6. 能指出每個人表現的方式有何不同。				

教學內容	學習目標	評量結果			
		不會 1	尚可 2	較好 3	很好 4
4. 繼續玩這項遊戲，為了增加趣味性，可讓幼兒一次彈五種樂器，並且試著彈奏不一樣，讓每位幼兒都有機會表現。在每位幼兒表現之後，指出每個人表現的方式有何不同？					

評量結果：4 代表達成該項目標 75%以上，3 代表達成該項目標 50%～75%，2 代表達成該項目標 25%～50%，1 代表未達成該項目標 25%。

學習目標：共 6 項，通過項目（指評量較好或很好）共＿＿項。

針對特殊幼兒所做的調整：能拍鼓。

延伸活動：將鼓放在角落讓幼兒配合音樂練習。

學習經驗：主動學習、聽及理解、說、經驗及表達想法。

材料：歌劇「魔笛」兒童版 DVD、魔笛繪本、白板、白板筆。

教學內容	學習目標	評量結果			
		不會1	尚可2	較好3	很好4
1. 老師問幼兒是否聽過歌劇故事，先介紹魔笛這個故事，把這個故事說一遍，故事除了用講的也可用唱的，當用唱的來表演時，稱之為歌劇。歌劇也是一種表現，它是用唱的方式來訴說故事的情節，然後將故事中的某一部分唱出來。 2. 再讀一次這個故事，問幼兒故事中有哪些角色？把它列在白板上，分配幼兒扮演的角色。 3. 接著放歌劇 DVD 給幼兒看，接著鼓勵幼兒分辨音樂的情緒，例如：雀躍、狂喜、悲傷、憤怒。 4. 讓幼兒仔細觀賞這些角色發出什麼樣的聲音？他們應該如何唱？先教幼兒如何唱，等學會唱歌，再鼓勵幼兒去唱他們扮演的部分。 5. 最後跟幼兒討論他們演的這個故事，用歌劇的方式來表達是否來得深入呢？哪一種比較容易記得呢？別人是否知道你扮演的角色？你認為要不要再改進？如果只有一人獨唱或演戲時，是不是會較好？	1. 能聆聽老師說故事。 2. 能說出故事中有哪些角色。 3. 能分辨音樂中的情緒，例如：雀躍、狂喜、悲傷、憤怒。 4. 能找出自己扮演角色唱的歌。 5. 能跟著 DVD 唱角色唱的歌。 6. 能回答用歌劇的方式表達印象比較深刻。 7. 能回答哪一種容易被記得。別人是否知道你扮演的角色。 8. 能回答要不要再改進。 9. 能回答一人獨唱或演戲時，是不是會較好。				

評量結果：4 代表達成該項目標 75%以上，3 代表達成該項目標 50%～75%，
2 代表達成該項目標 25%～50%，1 代表未達成該項目標 25%。

學習目標：共 9 項，通過項目（指評量較好或很好）共＿＿＿項。

針對特殊幼兒所做的調整：能聽故事。

延伸活動：播放其他兒童歌劇音樂 CD 或 DVD。

❀ 伍、幼兒活動評量與教學計畫 ❀
（大班）

　　使用幼兒活動評量與教學計畫的目的，是希望能讓教師記錄孩子在這一年來於八個領域活動的學習情形，並提供家長參考。活動具體劃分為八個領域，即認知、科學、數學、語文、精細動作、社會及情緒、大動作，以及音樂，每一個活動都要進行評量，教師可根據幼兒在八個領域的活動表現情形，記錄其學習目標通過的結果。在這份「幼兒活動評量表」中，第一欄是活動名稱，第二欄是該活動的學習目標內容，第三欄是評量狀況，教師可於通過（指的是評量較好或很好的部分）、未通過或未參加欄中勾選；每一個活動下方都有「學習目標通過小計／學習目標通過率」一欄，可供教師計算通過目標的數量以及通過率（即通過目標數量除以所有目標數量）。大班的幼兒活動評量表如下。

幼兒活動評量表（大班）

【認知領域】

活動名稱	目標	評量狀況		
		通過	未通過	未參加
物品形狀	1. 能說出圖案的大小。			
	2. 能說出這些圖案的線條是由哪些形狀所組成。			
	3. 能從物品中挑出與圖案一樣的物品（即是將某一物品和某一圖形搭配在一起）。			
	4. 能描繪出物品的外形。			
	5. 能說出日常生活中有哪些物品也有與該圖案相同或類似的圖形。			
	6. 能說出是根據哪一樣物品畫出指定的圖案來。			
	目標通過小計／目標通過率：＿＿＿＿＿／＿＿＿＿＿			

活動名稱	目標	評量狀況		
		通過	未通過	未參加
環境污染	1. 能想到或認識其他的污染情形。			
	2. 能想出解決垃圾污染的方法。			
	3. 能和其他幼兒討論隨地亂丟垃圾是不好的行為。			
	4. 能舉出其他垃圾種類及其出現的地方。			
	5. 能說出如何處理垃圾。			
	6. 能說出其他的環境污染問題。			
	7. 能說出解決方法。			
	目標通過小計／目標通過率：＿＿＿＿＿／＿＿＿＿＿			

活動名稱	目標	評量狀況		
		通過	未通過	未參加
裝水	1. 能描述至少一個物品形狀。			
	2. 能將物品分成能裝水及不能裝水兩類。			
	3. 能說出某個物品是否能裝水並說明其原因。			
	4. 能記得實驗的結果。			
	目標通過小計／目標通過率：＿＿＿／＿＿＿			

活動名稱	目標	評量狀況		
		通過	未通過	未參加
動物的朋友	1. 能說出動物之間的相似和相異處。			
	2. 能將動物分成兩類。			
	3. 能解釋何以某一群動物屬同一類。			
	4. 能說出十二種動物的名字。			
	目標通過小計／目標通過率：＿＿＿／＿＿＿			

活動名稱	目標	評量狀況		
		通過	未通過	未參加
動物園	1. 能說出圖片中的動物名字。			
	2. 能使用「因此……」的句型完成句子。			
	3. 能將動物分類。			
	4. 能說出某些動物會歸類在一起的原因。			
	5. 能想出將動物做不同分類的其他方法。			
	6. 能分享分類的方法。			
	目標通過小計／目標通過率：＿＿＿／＿＿＿			

活動名稱	目標	評量狀況		
		通過	未通過	未參加
雪	1. 能舉出下雪的壞處。			
	2. 能舉出下雪的好處。			
	3. 聽到下雪的優點及缺點後，能說出希不希望下雪。			
	4. 能說出下雪時想做的事情。			
	目標通過小計／目標通過率：_____／_____			

活動名稱	目標	評量狀況		
		通過	未通過	未參加
量高矮	1. 能討論出量身高的方式有哪些。			
	2. 能在比較後說出誰最矮。			
	3. 能按高矮排隊。			
	4. 能記得故事的情節。			
	5. 能說出高矮的順序，說出誰最高最後被抓走，誰最矮最先被抓走。			
	目標通過小計／目標通過率：_____／_____			

活動名稱	目標	評量狀況		
		通過	未通過	未參加
玩沙包	1. 能用沙包與空盒子來玩遊戲。			
	2. 能解釋遊戲的規則及玩法。			
	3. 能遵守遊戲規則。			
	4. 能想出不同的遊戲方法。			
	5. 能比較並說出新的遊戲和之前的遊戲不同的地方。			
	目標通過小計／目標通過率：_____／_____			

活動名稱	目標	評量狀況		
		通過	未通過	未參加
圖案序列	1. 能指出更複雜的圖案。			
	2. 能根據前面的圖形關係找出下一個圖形。			
	3. 能記得及說出剛剛看到的圖案。			
	4. 能自創一個圖形序列並且向大家說明。			
	目標通過小計／目標通過率：＿＿＿＿／＿＿＿＿			

活動名稱	目標	評量狀況		
		通過	未通過	未參加
下一個	1. 能找出下一個圖形。			
	2. 能畫出下一個圖形。			
	3. 能解釋圖形的順序。			
	4. 能指出剛剛看過的圖形。			
	目標通過小計／目標通過率：＿＿＿＿／＿＿＿＿			

活動名稱	目標	評量狀況		
		通過	未通過	未參加
一、二、三	1. 能說出後面接著的一張圖片。			
	2. 能將圖片按照順序排出。			
	3. 能利用一套圖片說出一個小故事。			
	4. 能記得哪些圖片是同一套。			
	5. 能遵守遊戲規則。			
	目標通過小計／目標通過率：＿＿＿＿／＿＿＿＿			

活動名稱	目標	評量狀況		
		通過	未通過	未參加
奇特用途	1. 能說出刀叉的用途及不同的使用方法。			
	2. 能表演出刀叉的用途。			
	3. 能說出刀叉除了吃飯以外的一種用途。			
	4. 能想出刀叉的不同而奇特之用途（和其他幼兒不一樣）。			
	目標通過小計／目標通過率：＿＿＿＿／＿＿＿＿			

活動名稱	目標	評量狀況		
		通過	未通過	未參加
外星人的故事	1. 能想出一個向後跳的遊戲。			
	2. 能說出發出這種怪聲音的東西。			
	3. 能想出裝果汁的容器。			
	4. 能仔細的描述這隻小動物的特徵（眼睛、腳、角、毛及皮膚）。			
	目標通過小計／目標通過率：_____／_____			

活動名稱	目標	評量狀況		
		通過	未通過	未參加
E.T.回來了	1. 能說出為什麼石頭和杯子要放在一起。			
	2. 能想一個以上把石頭和茶杯放在一起使用的用途。			
	3. 能說出為什麼牙膏和牙刷要放在一起。			
	4. 能說出特別的想法，例如：將牙刷刷完頭髮後，再把牙膏擠在頭上。			
	5. 能將紙袋和其他沒有關係的東西搭配一起使用，並解釋原因。			
	6. 能表演如何將紙袋和不相關的東西一起使用。			
	目標通過小計／目標通過率：_____／_____			

活動名稱	目標	評量狀況		
		通過	未通過	未參加
玩具櫥窗	1. 能說出放在玩具店櫥窗內的玩具名稱。			
	2. 能說出在櫥窗上較為特殊的玩具名稱。			
	3. 能扮演玩具。			
	4. 能描述一個玩具娃娃在晚上看到的街道情形。			
	5. 能說出天黑後要做什麼。			
	目標通過小計／目標通過率：_____／_____			

活動名稱	目標	評量狀況		
		通過	未通過	未參加
植物構造	1.能安靜欣賞植物生長過程的影片。			
	2.會發表自己的種豆經過。			
	3.說出植物生長需要什麼條件。			
	4.能說出植物的名稱。			
	5.能說出樹的名稱。			
	6.能說出植物的基本構造。			
	目標通過小計／目標通過率：＿＿＿＿／＿＿＿＿			

活動名稱	目標	評量狀況		
		通過	未通過	未參加
小花匠	1.能聆聽老師講述花的構造。			
	2.能說出幾種花的名稱。			
	3.能利用鏟子挖土。			
	4.能將花苗放入洞內並以泥土覆蓋之。			
	5.能為花苗澆水。			
	6.能說出所種植的花之名稱。			
	目標通過小計／目標通過率：＿＿＿＿／＿＿＿＿			

活動名稱	目標	評量狀況		
		通過	未通過	未參加
哪一個有種子	1.能聆聽老師說故事。			
	2.能說出種子的意義。			
	3.能自行剝葡萄皮。			
	4.能找到葡萄的種子。			
	5.能說出一種有種子的蔬果。			
	6.能聆聽別人發言。			
	7.能指出有種子的蔬果。			
	8.能自行剝開瓜子殼。			
	9.能協助收拾整理。			
	目標通過小計／目標通過率：＿＿＿＿／＿＿＿＿			

活動名稱	目標	評量狀況		
		通過	未通過	未參加
植物的種子	1. 能聆聽老師說故事。			
	2. 能說出蔬果的外觀，例如：形狀、顏色、大小、輕重。			
	3. 能觸摸蔬果並說出表皮的感覺			
	4. 會自行剝開果皮，或使用刀子小心的將蔬果切開，找出種子。			
	5. 能觀察種子的形狀並說出種子是扁的還是圓的。			
	6. 能嚐一嚐果肉的味道是甜還是酸。			
	7. 能說出學習單上的蔬果名稱。			
	8. 能正確的找出三種以上蔬果的種子。			
目標通過小計／目標通過率：_____／_____				

活動名稱	目標	評量狀況		
		通過	未通過	未參加
哪裡可以吃	1. 能說出蔬菜的名稱。			
	2. 能指出蔬菜可食用的部分。			
	3. 能說出蔬菜可食用的部分（例如：根、莖、葉……）。			
	4. 能聆聽老師說故事。			
	5. 能說出繪本中蔬果的名稱及食用部分至少三種。			
	6. 能說出學習單上蔬果名稱。（白花菜、香蕉、紅蘿蔔、番茄、木瓜、高麗菜）			
	7. 能說出可食用的部分是什麼。（根、莖、葉）			
目標通過小計／目標通過率：_____／_____				

活動名稱	目標	評量狀況		
		通過	未通過	未參加
可以吃的植物	1. 能聆聽老師說故事。			
	2. 能注視老師所指的圖案。			
	3. 能說出吃的蔬菜有哪些。			
	4. 能說出蔬菜長在哪裡。			
	5. 能分辨植物的根、莖、葉、花、果。			
	6. 能將蔬菜與食用部位配對。			
	7. 能圈出蔬果的可食用部分。			
	8. 能在線內著色不超過 0.5 公分。			
	目標通過小計／目標通過率：＿＿＿＿／＿＿＿＿			

活動名稱	目標	評量狀況		
		通過	未通過	未參加
認識水中生物	1. 能說出一至二種的海底生物名稱。			
	2. 能找出自己所說的海底生物圖片。			
	3. 能說出圖片上的海底生物名稱，例如：海龜、寄居蟹、海星、螃蟹、珊瑚、烏龜。			
	4. 能將海底生物分類。			
	5. 能比較海龜與烏龜、螃蟹與寄居蟹、海星與珊瑚之間的不同點。			
	6. 能將學習單上的海底生物（例如：貝殼、寄居蟹在沙灘上……）做配對。			
	目標通過小計／目標通過率：＿＿＿＿／＿＿＿＿			

活動名稱	目標	評量狀況		
		通過	未通過	未參加
動物吃的東西	1. 能指出吃肉的動物。			
	2. 能指出吃草的動物。			
	3. 能將吃肉及吃草的動物分成兩邊。			
	4. 能說出兩種雜食性動物。			
	5. 能正確將學習單的動物圖案與食物圖案做配對。			
	目標通過小計／目標通過率：＿＿＿＿＿／＿＿＿＿＿			

活動名稱	目標	評量狀況		
		通過	未通過	未參加
樹葉變變變	1. 會分辨落葉與新鮮樹葉的不同。			
	2. 能說出葉子的形狀及大小。			
	3. 能將樹葉做分類。			
	4. 會分辨至少兩種樹葉。			
	5. 能正確算出樹葉片數（共 10 片）。			
	6. 能參與課程進行（不亂跑、不離座）。			
	7. 會拓印樹葉。			
	8. 能分辨何者會浮，何者會沉。			
	9. 能說出輕會浮、重會沉。			
	10. 小組活動結束後，會幫忙收拾。			
	目標通過小計／目標通過率：＿＿＿＿＿／＿＿＿＿＿			

活動名稱	目標	評量狀況		
		通過	未通過	未參加
校園採集	1. 能說出有幾種葉子。			
	2. 能做葉子的配對。			
	3. 能主動拿一個塑膠袋。			
	4. 能找到有自己姓名的貼紙。			
	5. 能聽懂連續的三個指令（拿塑膠袋、找姓名貼紙、貼上）。			
	6. 能依記憶尋找指定的葉子。			
	7. 能在指定範圍內活動。			
	8. 能找到指定（和標本一樣）的葉子。			
	9. 能在「回教室」指令下達後馬上進入教			
	10. 能做葉子的分類。			
	11. 能說出自己採集到幾種葉子（1 至 10）。			
	12. 能在每種葉子中數出自己採集到各幾片（1 至 15）。			
	13. 能檢視自己採的葉子有幾種是和標本卡上的葉子一樣。			
	目標通過小計／目標通過率：＿＿＿＿／＿＿＿＿			

活動名稱	目標	評量狀況		
		通過	未通過	未參加
認識蔬菜	1. 能說出三種蔬菜的名稱。			
	2. 能說出西洋芹菜和青椒為綠色，胡蘿蔔為紅色。			
	3. 能指出西洋芹菜、胡蘿蔔及青椒三種蔬菜的可食用部分。			
	4. 能將圖片與卡片配對。			
	5. 能說出正確的蔬菜名稱。			
	6. 能選擇並說出喜歡吃的蔬菜。			
	7. 能說出三種蔬菜的切面形狀。			
	8. 能選擇正確顏料蓋印。			
	目標通過小計／目標通過率：＿＿＿＿／＿＿＿＿			

活動名稱	目標	評量狀況		
		通過	未通過	未參加
品味蔬菜	1. 能說出蔬菜的外觀、形狀、顏色、氣味，例如：說出青椒是綠色的。			
	2. 能用顏色形容蔬菜名稱，例如：綠色的青椒。			
	3. 會做蔬菜及字卡配對。			
	4. 能用鼻子聞出及說出蔬菜的味道。			
	5. 能說出自己喜歡的兩種蔬菜。			
	6. 能做蔬菜拓印。			
	目標通過小計／目標通過率：_____／_____			

活動名稱	目標	評量狀況		
		通過	未通過	未參加
漂亮臉譜	1. 能說出眼睛是用來看東西。			
	2. 能說出嘴巴可以說話／吃東西。			
	3. 能說出鼻子可以聞味道。			
	4. 能指認臉譜模型上的五官名稱。			
	5. 會說一句「好聽的話」。			
	6. 會指認自己臉上的五官名稱。			
	7. 會算出三個人有六隻眼睛。			
	8. 會算出三個人有三個鼻子。			
	9. 能將五官貼在臉譜模型上。			
	10.能收拾整理。			
	目標通過小計／目標通過率：_____／_____			

活動名稱	目標	評量狀況		
		通過	未通過	未參加
神祕袋（一）	1. 能說出老師呈現物品的名稱。			
	2. 能說出物品的功能至少一種以上。			
	3. 能摸出老師指定的物品。			
	4. 能摸出老師指定功能的物品。			
	5. 能說出手的探索與眼睛的觀察之相似處至少一點。			
	6. 能說出摸到的物品特徵讓同學猜。			
	目標通過小計／目標通過率：＿＿＿＿／＿＿＿＿			

活動名稱	目標	評量狀況		
		通過	未通過	未參加
神祕袋（二）	1. 會說出上述食品之名稱。			
	2. 能依老師敘述指出上述物品。			
	3. 會依指示將食品放入神祕袋內或神祕袋外（分辨裡面、外面）。			
	4. 能依觸覺找出老師所指定的食品。			
	5. 會做食品與圖片之配對。			
	6. 能指出摸到的食品之語詞卡。			
	目標通過小計／目標通過率：＿＿＿＿／＿＿＿＿			

幼兒活動評量表（大班）

【科學領域】

活動名稱	目標	評量狀況		
		通過	未通過	未參加
跳動	1. 能摸到心臟的位置。			
	2. 能說出噗通、噗通的聲音是心臟。			
	3. 能摸到脈搏。			
	4. 能說出在休息和運動之後心跳速度之差別。			
	5. 能做出原地站立、盤腿而坐及單腳站在教室跳一圈的動作。			
	6. 能將動作按心跳快慢分類。			
	7. 能說出如何讓心跳變快或回復正常。			
	目標通過小計／目標通過率：＿＿＿＿＿／＿＿＿＿＿			

活動名稱	目標	評量狀況		
		通過	未通過	未參加
神祕的洞	1. 能聆聽老師說故事。			
	2. 能說出曾在哪兒看過洞。			
	3. 能說出圖片內容。			
	4. 能說出洞是如何形成的。			
	5. 能說出洞是人挖的。（因為看到鏟子）			
	6. 能將畫著色。			
	目標通過小計／目標通過率：＿＿＿＿＿／＿＿＿＿＿			

活動名稱	目標	評量狀況		
		通過	未通過	未參加
蟲蟲看天下	1. 能說出住在地上的小動物或昆蟲。			
	2. 能說出在地上爬及在天空飛時看到的動物有何不同。			
	3. 能蹲在地上並說出看到些什麼。			
	4. 能畫出蹲在地上時所看到的事物。			
	目標通過小計／目標通過率：_____／_____			

活動名稱	目標	評量狀況		
		通過	未通過	未參加
石頭、水、空氣	1. 能說出裝在塑膠袋裡的是什麼。			
	2. 能吹氣到塑膠袋。			
	3. 能說出水加入顏色的變化。			
	4. 能說石頭不會改變形狀。			
	5. 能說出固體和固體之間不能輕易穿透，例如：鉛筆不能穿過石頭。			
	6. 能說出固體能穿透氣體，例如：筆能在空氣中移動。			
	7. 能說出固體可以穿過液體，例如：筆能在水中移動。			
	8. 能分辨氣體、固體及液體是否看得見及形狀會不會改變。			
	9. 能分辨木頭、牛奶、粉筆、咖啡等何者為液體、固體或氣體。			
	10. 能說出謎語的答案。			
	目標通過小計／目標通過率：_____／_____			

活動名稱	目標	評量狀況		
		通過	未通過	未參加
土壤冒險家	1. 能用圓鍬挖土。			
	2. 能用放大鏡觀察土壤。			
	3. 能仔細觀察土壤並回答看到了什麼（顏色）。			
	4. 能將在土壤所發現的東西加以分類。			
	5. 能說出海灘和戶外之土壤在顏色、質地有何不同。			
	目標通過小計／目標通過率：＿＿＿＿／＿＿＿＿			

活動名稱	目標	評量狀況		
		通過	未通過	未參加
縮小之物	1. 能說出橡皮擦使用後會愈來愈小。			
	2. 能說出白板擦使用後不會變小。			
	3. 能說出有些東西會縮小而有些不會的原因。			
	4. 能將物品按其使用後會不會縮小來分類。			
	5. 能說出物品使用後會縮小或不會縮小。			
	目標通過小計／目標通過率：＿＿＿＿／＿＿＿＿			

活動名稱	目標	評量狀況		
		通過	未通過	未參加
放大鏡	1. 能指出自己的眼睛在哪裡。			
	2. 能用眼睛觀察周遭，例如：眼睛可看東西……。			
	3. 能說出放大鏡的名稱。			
	4. 能說出放大鏡的功能。			
	5. 能正確操作放大鏡。			
	6. 能主動帶著放大鏡觀察周遭事物。			
	7. 能專心觀察 10 分鐘以上。			
	8. 能將觀察的東西與同伴分享。			
	9. 能將在泥土中找到的小昆蟲等放入紙盒內觀察。			
	10.能說出觀察的內容。			
	11.能正確操作放大鏡蒐集光和熱的方法。			
	12.能發現紙會燃燒。			
	13.能協助收拾整理。			
	目標通過小計／目標通過率：＿＿＿＿／＿＿＿＿			

活動名稱	目標	評量狀況		
		通過	未通過	未參加
放大鏡、縮小鏡	1. 能分辨東西變大還是變小。			
	2. 能依觸覺摸出縮小鏡為凹透鏡。			
	3. 能依觸覺摸出放大鏡為凸透鏡。			
	4. 能正確使用放大鏡。			
	5. 能自行使用放大鏡觀察戶外場之物（例如：樹葉……）。			
	6. 能描述看到的事物。			
	7. 能說出用放大鏡看會把物品變大。			
	8. 能將彩豆數量放大好幾倍。 ○→○○○○ ○○→○○○○○○○○			
	9. 能用放大鏡觀察物品後畫出來。			
	目標通過小計／目標通過率：＿＿＿＿／＿＿＿＿			

活動名稱	目標	評量狀況		
		通過	未通過	未參加
浮起來了	1. 能用手觸、握、拿材料後說出何者最重、何者最輕。			
	2. 能主動拿材料操作實驗。			
	3. 能在操作過程中說出哪些材料會浮起來。			
	4. 能在操作過程中說出哪些材料會沉下去。			
	5. 能將會浮的材料放一邊，會沉的材料放一邊。			
	目標通過小計／目標通過率：＿＿＿＿／＿＿＿＿			

活動名稱	目標	評量狀況		
		通過	未通過	未參加
誰先沉下去	1. 能說出材料名稱（六種）。			
	2. 能用手去觸摸材料。			
	3. 能觀察紙張在水中吸水的情形。			
	4. 能指出衛生紙最快下沉。			
	5. 能指出玻璃紙最慢下沉。			
	6. 能親自操作實驗。			
	7. 能將觀察結果依指示將材料貼在圖畫紙上。			
	8. 能擦乾桌上的水。			
	目標通過小計／目標通過率：＿＿＿＿／＿＿＿＿			

活動名稱	目標	評量狀況		
		通過	未通過	未參加
浮與沉（一）	1. 能將物品放在水中。			
	2. 能將物品分成兩組（一組會浮起來，一組會沉下去）。			
	3. 能說出分成兩組的理由。			
	4. 能說出每一組有多少樣東西。			
	5. 能比較兩組東西的多少。			
	6. 能把兩組的總數加起來。			
	7. 能寫出每組的數目。			
	8. 能將浮起來的物品貼上「浮」字，沉下去的物品貼上「沉」字。			
	目標通過小計／目標通過率：_____／_____			

活動名稱	目標	評量狀況		
		通過	未通過	未參加
浮與沉（二）	1. 能自己找東西。			
	2. 能將物品放入水桶中。			
	3. 能說出自己放的物品是浮或沉。			
	4. 能清點自己接收的物品是否齊全。			
	5. 能將物品放入水中。			
	6. 能正確記錄物品的浮或沉。			
	7. 能說出十種物品中沉與浮的數量。			
	8. 能說出哪些物品會浮起。			
	9. 能說出雞蛋會沉下去。			
	10. 能說出加入鹽巴，所以雞蛋會浮起來。			
	目標通過小計／目標通過率：_____／_____			

活動名稱	目標	評量狀況		
		通過	未通過	未參加
沉船	1. 能說出島上可以找到的東西。			
	2. 能說出哪些可以寫字。			
	3. 能預測某項物品是要變成濕的還是保持乾燥。			
	4. 能描述松果濕的時候，看起來有什麼不同。			
	5. 能描述花瓣濕的時候，看起來有什麼不同。			
	6. 能運用實驗的結果來完成故事的結局。			
	目標通過小計／目標通過率：＿＿＿＿／＿＿＿＿			

活動名稱	目標	評量狀況		
		通過	未通過	未參加
水位上升了	1. 能安靜聆聽老師說故事（3 分鐘）。			
	2. 能仔細觀察老師所做之實驗。			
	3. 能比較兩杯水（一杯加入石頭）水位之不同。			
	4. 能說出兩杯水不同高度之原因。			
	5. 能親自操作實驗。			
	6. 能說出自己放入幾顆石頭。			
	7. 能將桌面擦乾淨。			
	目標通過小計／目標通過率：＿＿＿＿／＿＿＿＿			

活動名稱	目標	評量狀況		
		通過	未通過	未參加
雨滴	1. 能使用天氣的形容詞。			
	2. 能回想和描述氣象報告。			
	3. 能說出不同罐子中雨量的差異（哪一個罐子的雨量較多）。			
	4. 能說出不同罐子中雨量不同的原因。			
	目標通過小計／目標通過率：＿＿＿＿／＿＿＿＿			

活動名稱	目標	評量狀況		
		通過	未通過	未參加
烤蛋糕	1. 能說出幾個基本烤蛋糕所需的材料。			
	2. 能想出一套食譜並預測其結果會如何。			
	3. 能測量所需的分量並且告訴老師。			
	4. 能說出蛋糕烤過後的變化。			
	目標通過小計／目標通過率：＿＿＿＿／＿＿＿＿			

活動名稱	目標	評量狀況		
		通過	未通過	未參加
輪胎為什麼是圓的	1. 能用手撥動車輪。			
	2. 能將積木及球放在桌面上移動。			
	3. 能觀察圓柱、三角柱、正方體的積木和球在桌面上移動的情形。			
	4. 能將各種形狀的物品放至斜坡上試驗其移動狀況。			
	5. 能說出各種形狀的物品在斜坡上移動的快慢。			
	6. 能說出為何圓柱體滾動較平穩。			
	7. 能說出輪胎是圓柱狀。			
	目標通過小計／目標通過率：＿＿＿＿／＿＿＿＿			

活動名稱	目標	評量狀況		
		通過	未通過	未參加
電的遊戲	1. 能安靜聆聽教學內容。			
	2. 能發表電池玩具和發條玩具的不同處（不論答對與否）。			
	3. 能正確指出哪一個是發條玩具，哪一個是電池玩具。			
	4. 能說出發條玩具是靠發條的轉動來維持活動力。			
	5. 能正確的安裝電池。			
	6. 能發表安裝或轉動發條玩具的心得。			
	目標通過小計／目標通過率：＿＿＿＿／＿＿＿＿			

活動名稱	目標	評量狀況		
		通過	未通過	未參加
醋的妙用	1. 能舀牛奶、蛋及豆漿到不同的碟子內。			
	2. 能嚐嚐碟子內的東西。			
	3. 能說出嚐到的是什麼。			
	4. 能在牛奶、蛋及豆漿中加入醋。			
	5. 能說出牛奶、蛋、豆漿加了醋產生的變化。			
	6. 能說出實驗前後的變化： (1)實驗前：水水的豆漿和牛奶、有殼的雞蛋。 (2)實驗後：豆漿和牛奶凝結了。蛋殼會溶解醋，而使蛋變得很有彈性，可以在地上滾。			
	目標通過小計／目標通過率：＿＿＿＿／＿＿＿＿			

活動名稱	目標	評量狀況		
		通過	未通過	未參加
發酵的小實驗	1. 能參與討論。			
	2. 能說出麵包剝開表面有小洞。			
	3. 能說出甜甜的是糖。			
	4. 能說出嚐發酵粉的感覺。			
	5. 能參與操作活動。			
	6. 能仔細觀察並說出杯子中的變化。			
	7. 能參與揉麵糰的活動。			
	8. 麵糰放了一陣後，能說出麵糰的變化。			
	9. 經教導後能說出以上兩者的反應都是二氧化碳作用的結果。			
	目標通過小計／目標通過率：＿＿＿＿／＿＿＿＿			

幼兒活動評量表（大班）

【數學領域】

活動名稱	目標	評量狀況		
		通過	未通過	未參加
生日	1. 能說出圖表上每一月份之壽星人數。			
	2. 能注視圖表回答問題： ⑴哪一個月份最多人生日？ ⑵哪一個月份最少人生日？ ⑶有沒有生日人數相同的月份？ ⑷五月和六月比較，哪一個月的生日人數較少？ ⑸一月和八月比較，哪一個月的生日人數較多？ ⑹九月和十月加起來，總共有多少人生日？			
	3. 能說出圖表上顏色的方塊總數就是全班幼兒之人數。			
	4. 能說出其他使用圖表計算人數的例子。			
	目標通過小計／目標通過率：＿＿＿＿／＿＿＿＿			

活動名稱	目標	評量狀況		
		通過	未通過	未參加
量量看	1. 能說出直尺能做什麼。			
	2. 能使用直尺量物品。			
	3. 能說出除了直尺外，還可用什麼來量東西。			
	4. 當老師量時，能大聲數。			
	5. 能在教室中找出可以量的東西。			
	6. 能使用鉛筆量物品。			
	7. 能說出物品長度是幾支鉛筆長。			
	8. 能使用橡皮擦量物品長度。			
	9. 能說出物品長度是幾個橡皮擦長。			
	10. 能說出需要比較多的鉛筆或是比較多的橡皮擦才能量完？為什麼。			
	11. 能說出哪些東西比較適合用來量物品及為什麼。			
	12. 能說出哪些東西比較不適合用來量物品及為什麼。			
	目標通過小計／目標通過率：_____／_____			

活動名稱	目標	評量狀況		
		通過	未通過	未參加
量一量有幾杯	1. 能用湯匙將豆子舀入小茶杯中。			
	2. 能在小茶杯裝滿後倒入布丁杯中。			
	3. 將小茶杯之豆子倒入布丁杯後，能在紙上畫一個小杯子做記號。			
	4. 能在裝滿布丁杯後倒入大瓶子中。			
	5. 將布丁杯倒入大瓶子後，能在紙上畫一個布丁杯做記號。			
	6. 能說出自己所畫的小茶杯共有幾個。			
	7. 能說出大家所畫的布丁杯共有幾個。			
	8. 能說出自己倒了幾個小茶杯後等於一個布丁杯。			
	9. 能說出 10 個布丁杯的豆子等於一個大瓶子的豆子。			
	10. 能有大小的觀念（例如：小杯、大杯）。			
	目標通過小計／目標通過率：＿＿＿＿／＿＿＿＿			

活動名稱	目標	評量狀況		
		通過	未通過	未參加
各式各樣椅子	1. 能辨認每一組中的椅子數目。			
	2. 能辨認出序列的規則。			
	3. 能辨認出新序列的規則。			
	4. 能說出有幾個幼兒玩遊戲。			
	5. 能創造出新的序列。			
	6. 能辨認不顯著的序列。			
	目標通過小計／目標通過率：＿＿＿＿／＿＿＿＿			

活動名稱	目標	評量狀況		
		通過	未通過	未參加
次序	1. 能說出數字。			
	2. 能做數字與骰子上的數量配對。			
	3. 能說出 3 是在 7 之前。			
	4. 能將數字卡按順序放好。			
	5. 能找出與數字等量的物品。			
	目標通過小計／目標通過率：＿＿＿＿／＿＿＿＿			

活動名稱	目標	評量狀況		
		通過	未通過	未參加
奇數與偶數（一）	1. 能夠作 2、4、6、8、10 的唱數。			
	2. 能夠輪流抽牌。			
	3. 能夠說出牌上顯示的數字。			
	4. 能夠數出（2 個一數）和牌上數字相等量的雪花片。			
	5. 能在操作後說出自己抽的數字是奇數。			
	6. 能將自己手中拿到的撲克牌分成奇數與偶數。			
	目標通過小計／目標通過率：＿＿＿＿／＿＿＿＿			

活動名稱	目標	評量狀況		
		通過	未通過	未參加
奇數與偶數（二）	1. 能依數字卡 1 至 10 的順序唱數。			
	2. 在唱出數字時，能將數字卡分成二排。 　1 3 5 7 9 　2 4 6 8 10			
	3. 能將二排數字卡依序唸出。			
	4. 能根據數字數出正確量（數字與量配對）。			
	5. 能將數字下的量兩兩排好。			
	6. 能在觀察比較後說出： 　⑴哪一排數字總是多一個。 　⑵哪一排數字總是剛剛好。			
	7. 能說出多一個為奇數，剛好的為偶數。			
	8. 能輪流發牌。			
	9. 能說出自己的數字。			
	10.能做數量配對。			
	11.能將數量兩兩並排。			
	12.能說出自己的號碼是奇數還是偶數。			
	目標通過小計／目標通過率：＿＿＿＿／＿＿＿＿			

活動名稱	目標	評量狀況		
		通過	未通過	未參加
加加減減	1. 能說出椅子上及絨布板上小熊的數目。			
	2. 能用心算加減。			
	3. 能說出 5 後面為 6。			
	4. 能用較大的數字來加減。			
	目標通過小計／目標通過率：＿＿＿＿／＿＿＿＿			

活動名稱	目標	評量狀況		
		通過	未通過	未參加
走路比賽	1. 能按下碼錶。			
	2. 能跑步。			
	3. 能說出碼錶的數字讀秒。			
	4. 能倒退走。			
	5. 能比較及說出哪個數字代表較長的時間。			
	6. 能預測正著走及倒退著走相差多少時間。			
	7. 能比較實際和預測之差別。			
	8. 能估計整理教室需花多少時間。			
	9. 能估計冰塊在陰涼處要多久時間才融化。			
	目標通過小計／目標通過率：_____／_____			

活動名稱	目標	評量狀況		
		通過	未通過	未參加
石頭神仙	1. 能說出石頭的數目。			
	2. 能明白多一顆或少一顆的意義。			
	3. 能扮演石頭神仙。			
	4. 能決定要放幾顆石頭在袋子裡。			
	5. 能以太多或太少來提示正確答案。			
	6. 能回答較困難的數字問題。			
	目標通過小計／目標通過率：_____／_____			

活動名稱	目標	評量狀況		
		通過	未通過	未參加
比大小	1.能做一對一對應			
	2.能 2 人共同玩一個遊戲			
	3.能做數字與數量配對：1 至 5、1 至 10。			
	4.能遵守遊戲規則。			
	5.能輪流（等待）。			
	6.能比較數量的多少（大小）。			
	7.能 3 人共同玩一個遊戲。			
	8.能和老師玩比大小遊戲。			
	目標通過小計／目標通過率：＿＿＿＿／＿＿＿＿			

活動名稱	目標	評量狀況		
		通過	未通過	未參加
數字列車	1.能等待抽數字卡。			
	2.能正確說出數字 1 至 10。			
	3.能用手指描數字的筆順。			
	4.能遵守遊戲規則。			
	5.能在正確位置放數字卡 1 至 10。			
	6.能玩數字接龍遊戲。			
	7.能將數字 1 至 10 依序連線。			
	目標通過小計／目標通過率：＿＿＿＿／＿＿＿＿			

活動名稱	目標	評量狀況		
		通過	未通過	未參加
對號入座	1.認識數字： (1)能說出盤子中有幾顆彈珠。 (2)能拿出正確的數字卡，並唸出數字來。 (3)能依照老師抽出的數字卡，夾出正確的彈珠數目。			
	2.對號入座遊戲： (1)能聽懂老師的指令排好隊。 (2)能依自己手上的數字卡，找到座位。			
	目標通過小計／目標通過率：＿＿＿＿／＿＿＿＿			

活動名稱	目標	評量狀況		
		通過	未通過	未參加
Asco 算盤組	1. 能聽老師介紹。			
	2. 能依指令將一定數目的圓珠插入立柱。			
	3. 能依其數目選出正確的數字卡，置於底座上。			
	4. 能將底座上的數字與數字相加，在數字與數字間放入「＋」的符號，例如：「5＋3」。			
	5. 能數一數 2 個立柱共有幾顆圓珠。			
	6. 能在數字與數字間放入「－」的符號，例如：「5－3」。			
	7. 能拿掉 3 顆圓珠，數一數兩個立柱上共有幾顆圓珠。			
	8. 能將 12 至 18 顆圓珠放在 3 根立柱上，讓每個立柱的圓珠一樣多。			
	9. 能說出每個立柱上有幾顆圓珠。			
	目標通過小計／目標通過率：＿＿＿＿／＿＿＿＿			

活動名稱	目標	評量狀況		
		通過	未通過	未參加
兩個一數	1. 能數數 1 至 30。			
	2. 能拿出 10 顆算珠。			
	3. 能拿出 6 顆算珠。			
	4. 能將 16 顆算珠平分成二排。			
	5. 能比較兩邊哪邊多。			
	6. 能數數看共有幾顆算珠。			
	7. 能說出每一堆中各有幾顆算珠。			
	8. 能說出哪些數目可以兩列排完，哪些數目會剩下一顆，單獨排列。			
	9. 能說出（1 至 10）哪個是奇數，哪個是偶數。			
	目標通過小計／目標通過率：＿＿＿＿／＿＿＿＿			

活動名稱	目標	評量狀況		
		通過	未通過	未參加
一樣多	1. 能說出每一堆都要有相同數量的豆子。			
	2. 能說出每一堆都有 5 顆豆子。			
	3. 能說出分成 5 堆，每一堆有 4 顆豆子，共有 20 顆豆子。			
	4. 能明白不論如何分配豆子，其總數不變。			
	5. 當豆子分成 5 堆，能說出每一堆有 4 顆豆子，總共有 20 顆豆子。			
	6. 當豆子分成 10 堆，能說出每一堆有 2 顆豆子，總共有 20 顆豆子。			
	7. 當豆子分成 2 堆，能說出每一堆有 10 顆豆子，總共有 20 顆豆子。			
	8. 能用至少兩種不同的方式將豆子分成等量的堆別。			
	9. 能用 16 顆豆子去分配。			
	目標通過小計／目標通過率：＿＿＿＿／＿＿＿＿			

活動名稱	目標	評量狀況		
		通過	未通過	未參加
賽跑	1. 能按照點數在捲尺上移動假人			
	2. 能用心算將 2 個數字加在一起。			
	3. 能明白某個數字是幾個數字的總和。			
	4. 能說出丟幾次骰子才能到達終點 50 公分。			
	5. 能同時丟 2 個骰子，並將 2 個骰子的數目加起來。			
	6. 能說出丟幾次骰子才能到達終點 100 公分。			
	目標通過小計／目標通過率：＿＿＿＿／＿＿＿＿			

活動名稱	目標	評量狀況		
		通過	未通過	未參加
奇數與偶數（三）	1. 當聽到三角鐵敲擊 2 聲時，2 人能抱在一起。			
	2. 能說出 4 人、5 人玩時的不同。（5 人時，有 1 人落單）			
	3. 知道有奇數、偶數之名稱。			
	4. 能依指令拿圓珠（1 至 20 個）。			
	5. 能依操作結果說出該數是奇數還是偶數。			
	6. 能不用操作就可說出該數是奇數還是偶數（1 至 20）。			
	7. 能圈出偶數。			
目標通過小計／目標通過率：_____／_____				

活動名稱	目標	評量狀況		
		通過	未通過	未參加
奇數與偶數（四）	1. 能說出數字 1 至 10。			
	2. 能依序排數字卡 1 至 10。			
	3. 能參與活動。			
	4. 能在數字卡下方放置相等數量的小方塊。			
	5. 能說出（指出）哪些數目下有多一顆。			
	6. 能指出哪些數量是兩兩成雙（手牽手）。			
	7. 能說出奇數有哪些。			
	8. 能說出偶數有哪些。			
	9. 能從布丁杯中抓取彈珠。			
	10. 能說出拿到的彈珠數量。			
	11. 能說出拿到的彈珠數目是奇數還是偶數。			
	12. 能幫忙收拾整理。			
目標通過小計／目標通過率：_____／_____				

幼兒活動評量表（大班）

【語文領域】

活動名稱	目標	評量狀況		
		通過	未通過	未參加
動作模仿	1. 能和其他幼兒玩鏡子遊戲。			
	2. 能說出遊戲內容名稱作模仿。			
	3. 能安靜聆聽老師說故事。			
	4. 能說出動作名稱。（先舉手經老師允許才發表）			
	5. 能正確模仿書中的動作。			
	目標通過小計／目標通過率：_____／_____			

活動名稱	目標	評量狀況		
		通過	未通過	未參加
他在做什麼動作	1. 能說出老師正在做的動作。			
	2. 能輪流抽卡片。			
	3. 能模仿圖片的動作。			
	4. 能說出圖片的動作。			
	5. 能以動作表達要讓別人知道的事情。			
	6. 能模仿別人的動作。			
	7. 能猜出動作內容。			
	8. 能說出圖片的動作。			
	9. 能將貼紙貼在正確位置。			
	目標通過小計／目標通過率：_____／_____			

活動名稱	目標	評量狀況		
		通過	未通過	未參加
神奇的魔術師	1. 能專心聆聽老師說故事。			
	2. 能模仿老師，發出在故事裡的各種動物或物品的聲音。			
	3. 能說出老師所拿出的動物布偶或物品的名稱。			
	4. 能自願扮演國王，並發出其他幼兒所想要的玩偶聲音（例如：狗是「汪！汪！」）。			
	5. 能自願扮演魔術師。			
	6. 能依扮演國王的幼兒所發出的聲音，找出正確的動物玩偶。			
	7. 當老師拿出一種動物布偶或鬧鐘、鈴鐺時，能自己發出動物或物品的聲音。			
	目標通過小計／目標通過率：＿＿＿＿／＿＿＿＿			

活動名稱	目標	評量狀況		
		通過	未通過	未參加
聲音遊戲	1. 能利用自己的嘴巴發出不同聲音，例如：親吻聲、彈舌頭的聲音等。			
	2. 能自己用身體各部位來發出聲音，例如：拍手。			
	3. 能說出何種動物的叫聲。			
	4. 能模仿動物叫聲。			
	5. 能尋找教室的聲音及錄音： (1)心跳聲。 (2)冷氣聲。 (3)說話聲。 (4)鋼琴聲。 (5)風扇聲。 (6)廣播聲。 (7)玩積木聲。 (8)撕紙聲。			
	目標通過小計／目標通過率：＿＿＿＿／＿＿＿＿			

活動名稱	目標	評量狀況		
		通過	未通過	未參加
耳聰目明	1. 能說出自己常聽到的聲音（例如：車、門鈴、電話……）。			
	2. 能依照聽到的聲音找到圖卡。			
	3. 能說出聽到的聲音。			
	4. 能說出什麼場合或情形會聽到圖卡上的聲音。			
	5. 能注意其他幼兒的提示。			
	6. 能眨眼睛讓其他幼兒知道卡片在他那兒。			
	7. 能抽圖片。			
	8. 能用另一種方式與其他幼兒溝通。			
	目標通過小計／目標通過率：＿＿＿＿／＿＿＿＿			

活動名稱	目標	評量狀況		
		通過	未通過	未參加
面談	1. 能說出自己周遭發生的事。			
	2. 能說出住在哪裡。			
	3. 能找出自己的故事，並且把自己的名字圈起來。			
	4. 能說出 5 個字接上故事。			
	5. 能回答故事中的問題。			
	目標通過小計／目標通過率：＿＿＿＿／＿＿＿＿			

活動名稱	目標	評量狀況		
		通過	未通過	未參加
尋寶遊戲	1. 能描述什麼是值錢的東西。			
	2. 能夠閱讀線索。			
	3. 能根據聽到的線索找出完整的答案（藏寶的地點）。			
	4. 能自行設計一個尋寶遊戲。			
	目標通過小計／目標通過率：＿＿＿＿／＿＿＿＿			

活動 名稱	目標	評量狀況		
		通過	未通過	未參加
詩的 遊戲	1. 能用形容詞來描述聞到的味道。			
	2. 能說出颱風來臨時的感覺。			
	3. 能說出冰淇淋的味道。			
	4. 能了解詩的意思。			
	5. 能辨識出重複的音。			
	6. 能由字音聯想到字，例如：杯子、椅子。			
	目標通過小計／目標通過率：＿＿＿＿／＿＿＿＿			

活動 名稱	目標	評量狀況		
		通過	未通過	未參加
編故事	1. 能做故事接龍。			
	2. 能回答故事中的問題。			
	3. 能用符號表達故事詞句。			
	4. 在聽到詞句的前面，能馬上猜到整個句子符的意義。			
	目標通過小計／目標通過率：＿＿＿＿／＿＿＿＿			

活動 名稱	目標	評量狀況		
		通過	未通過	未參加
名字 拼音 遊戲	1. 能表達或說出自己的看法（喜不喜歡自己的名字）。			
	2. 能指認名字中的第一個音之注音符號。			
	3. 能指出含有相同注音的兩個名字。			
	4. 能找到自己名字的第一個音之注音符號。			
	5. 能把注音符號拼成自己的名字。			
	目標通過小計／目標通過率：＿＿＿＿／＿＿＿＿			

活動名稱	目標	評量狀況		
		通過	未通過	未參加
我的名字	1. 能安靜聆聽。			
	2. 能知道班上 3 位老師的姓。			
	3. 能知道遊戲規則。			
	4. 能參與遊戲。			
	5. 能遵守遊戲規則。			
	6. 能為自己的名字做介紹，例如：林天真——森林的「林」、天空的「天」、真好吃的「真」。			
	7. 能用他人的名字造詞、造句，例如：陳大剛大金剛、蕭白洋有海洋、范小安安安靜靜……。			
	8. 能在所有名字卡中找出自己的名字卡。			
	9. 能為自己的名字卡以亮片做裝飾。			
	10. 能從遊戲開始至結束都不離開座位。			
	目標通過小計／目標通過率：_____／_____			

活動名稱	目標	評量狀況		
		通過	未通過	未參加
賓果遊戲	1. 能配對圖片與注音符號。			
	2. 能說出圖片名稱。			
	3. 能找出押韻的相同字。			
	4. 能找出一個字來完成句子。			
	5. 能找出對應的圖片。			
	目標通過小計／目標通過率：_____／_____			

活動名稱	目標	評量狀況		
		通過	未通過	未參加
讓我們去逛街	1. 能說出最喜歡的店。			
	2. 能看到一個注音符號「ㄇ」開頭就聯想一個字或詞。			
	3. 能根據提示的圖片找到注音符號（ㄓ、ㄏ、ㄐ、ㄇ）。			
	4. 能想出把店裡的東西做分類的方法。			
	目標通過小計／目標通過率：_____／_____			

活動名稱	目標	評量狀況		
		通過	未通過	未參加
飛得更高	1. 能說出一隻小鳥飛行時所看到的事物。			
	2. 對鳥兒的冒險情形能說出較特別的描述。			
	3. 能說出小鳥碰到暴風雨時會如何。			
	4. 能詳細的畫出鳥兒飛行的樣子。			
	5. 能想像鳥兒在不同狀況下的結局： (1)天上飛。 (2)暴風雨。 (3)鳥籠。			
	目標通過小計／目標通過率：_____／_____			

活動名稱	目標	評量狀況		
		通過	未通過	未參加
如果	1. 能閉上眼睛想像到了一個沒有陽光的世界會發生什麼事。			
	2. 能說出用什麼方法可以使得這個地方與眾不同。			
	3. 能想像生活在一個沒有陽光、每天所做的事沒有什麼不一樣的地方。			
	4. 能接力說出一個沒有陽光的地方的故事。			
	目標通過小計／目標通過率：_____／_____			

活動名稱	目標	評量狀況		
		通過	未通過	未參加
兒歌謎語	1. 能說出謎語的答案。			
	2. 能回答教室裡頭謎語的問題。			
	3. 能根據圖片想出一個謎語。			
	4. 能說出哪些字是押韻的。			
	5. 能提示謎語答案。			
	目標通過小計／目標通過率：＿＿＿＿＿／＿＿＿＿＿			

活動名稱	目標	評量狀況		
		通過	未通過	未參加
與「蛙」共舞	1. 能說出青蛙的名稱。			
	2. 能說出青蛙住在哪裡。			
	3. 能辨別並選出青蛙正確住處的圖卡。			
	4. 能將青蛙的分解圖片放在正確的部位。			
	5. 能跟著老師逐句唸出歌詞。			
	6. 能跟著其他幼兒一起唸出全部歌詞。			
	7. 聽過示範後，能跟隨老師唱一段歌詞。			
	8. 能主動選擇樂器。			
	9. 能跟隨老師打節奏。			
	10. 能自己找出打節奏的方式。			
	11. 能配對青蛙的圖卡與字卡。			
	12. 能自願表演唱歌及打節奏。			
	目標通過小計／目標通過率：＿＿＿＿＿／＿＿＿＿＿			

活動名稱	目標	評量狀況		
		通過	未通過	未參加
故事內容排一排	1. 能聆聽故事內容。			
	2. 能將故事圖卡依序排出。			
	3. 會指出故事圖卡的錯誤順序處。			
	4. 能將影印的故事圖卡依順序排列並黏貼好。			
	5. 會在已成冊的圖卡上塗上顏色。			
	6. 能依圖片內容說故事給其他幼兒聽。			
	目標通過小計／目標通過率：＿＿＿＿／＿＿＿＿			

活動名稱	目標	評量狀況		
		通過	未通過	未參加
毛毛蟲的故事	1. 能說出圖片上所呈現的內容。			
	2. 能參與討論故事內容。			
	3. 能坐在椅子上參與課程進行。			
	4. 能專心聆聽故事的內容。			
	5. 能說出找不到媽媽時的感覺。			
	6. 能說出當毛毛蟲在地上爬時，讓它回家找媽媽，不要抓它。			
	7. 課程結束會共同整理教室。			
	目標通過小計／目標通過率：＿＿＿＿／＿＿＿＿			

幼兒活動評量表（大班）

【精細動作領域】

活動名稱	目標	評量狀況		
		通過	未通過	未參加
相框	1. 能說出照相的經驗。			
	2. 能說出從相機的鏡頭裡看到什麼事物。			
	3. 能沿著紙上畫好的線剪。			
	4. 能選出一張最喜歡的相片，並說出理由。			
	目標通過小計／目標通過率：_____／_____			

活動名稱	目標	評量狀況		
		通過	未通過	未參加
警察藝術家	1. 能聆聽老師說故事。			
	2. 能畫一個怪物的圖畫。			
	3. 能根據描述來畫畫。			
	4. 能畫出怪物的背後。			
	5. 能分享自己的畫。			
	6. 能選出哪一幅最可愛，哪一幅最可怕。			
	目標通過小計／目標通過率：_____／_____			

活動名稱	目標	評量狀況		
		通過	未通過	未參加
隱藏起來的形狀	1. 能找出圖片裡的隱藏形狀。			
	2. 能畫出一個圖形，然後把形狀藏起來。			
	3. 能在畫圖時，畫出比較不常見的圖。			
	4. 能選出最喜歡的圖畫，並說出其理由。			
	目標通過小計／目標通過率：_____／_____			

活動名稱	目標	評量狀況		
		通過	未通過	未參加
輪廓畫	1. 看過東西後，能用手當成筆畫出輪廓。			
	2. 能用手指在空中描繪出來。			
	3. 能用黑色彩色筆憑空畫出物體的輪廓。			
	4. 能選擇各種顏料畫畫。			
	5. 能畫出跟別人都不一樣的畫。			
	6. 能比較完成後的畫，討論最喜歡那一幅，並說出喜歡的理由。			
	目標通過小計／目標通過率：＿＿＿＿／＿＿＿＿			

活動名稱	目標	評量狀況		
		通過	未通過	未參加
對稱畫	1. 能與老師和其他幼兒一起參與討論。			
	2. 能在介紹對稱的意思後了解一半、一樣的概念。			
	3. 能在觀察材料後說出有哪些形狀的紙。			
	4. 能選擇自己喜歡的紙。			
	5. 能選擇自己喜歡的顏料，並拿顏料塗在紙上。			
	6. 能混合在形狀紙上的顏料。			
	7. 能將紙對摺。			
	8. 能再對摺。			
	9. 能說出經對折後打開的圖案是對稱的。			
	目標通過小計／目標通過率：＿＿＿＿／＿＿＿＿			

活動名稱	目標	評量狀況		
		通過	未通過	未參加
糖果屋	1. 能描述看到的糖果名稱。			
	2. 能說出想像中的糖果國。			
	3. 能用蠟筆畫出想像中的糖果國。			
	4. 能參與討論回答每個人的畫用的顏色、大小、真實性。			
	5. 能說出哪一幅畫較好。			
	目標通過小計／目標通過率：_____／_____			

活動名稱	目標	評量狀況		
		通過	未通過	未參加
完成圖案（一）	1. 能夠說出如何完成圖畫。			
	2. 能畫仔細一些並使用多一點顏色和正當的大小。			
	3. 能用不同的方式來完成第二張圖案。			
	4. 能用不同的方式來描述完成的圖案。			
	目標通過小計／目標通過率：_____／_____			

活動名稱	目標	評量狀況		
		通過	未通過	未參加
完成圖案（二）	1. 能想出一種以上的方法來完成圖案設計。			
	2. 當圖案倒過來或左右相反時，幼兒能想出其他的方法。			
	3. 能想出並說出較為獨特的方法來完成圖案。			
	4. 能使用麥克筆或是蠟筆完成圖案，將他的想法實現。			
	5. 能分享圖案。			
	目標通過小計／目標通過率：_____／_____			

活動 名稱	目標	評量狀況		
		通過	未通過	未參加
畫臉	1. 能選出一個臉型的形狀。			
	2. 能在臉的形狀上面畫臉。			
	3. 能在臉的圖畫上加以潤飾。			
	4. 能回答關於臉的問題： ⑴能說出喜歡的臉。 ⑵能說出臉的形狀。 ⑶能說出圖中臉的特徵。 ⑷能說出如何讓臉看起來較特別。			
	目標通過小計／目標通過率：＿＿＿＿／＿＿＿＿			

活動 名稱	目標	評量狀況		
		通過	未通過	未參加
神祕 的碗	1. 能描述碗的外表特徵，例如：形狀、材料等。			
	2. 能畫碗。			
	3. 在看過碗的內部後，能再畫一次。			
	4. 能比較及討論畫的不同。			
	5. 能加上想像的東西再畫一次碗。			
	目標通過小計／目標通過率：＿＿＿＿／＿＿＿＿			

活動 名稱	目標	評量狀況		
		通過	未通過	未參加
以正 方形 作圖	1. 能說出正方形可畫成什麼東西。			
	2. 能畫出自己的想法，並且畫得很仔細。			
	3. 能在每頁的正方形畫出不同的東西。			
	4. 能完成一頁有 2 個正方形的圖案。			
	5. 能分享畫的內容。			
	6. 能將有 2 個正方形的這一頁放在小冊子的最後一頁。			
	目標通過小計／目標通過率：＿＿＿＿／＿＿＿＿			

活動名稱	目標	評量狀況		
		通過	未通過	未參加
滾珠畫	1. 能說出天空中雲的形狀。			
	2. 能將彈珠放在裝滿顏料的碗中。			
	3. 能用湯匙將彈珠放入鞋盒滾動。			
	4. 能說出畫的圖案。			
	5. 能說出畫的標題。			
	6. 能在兩幅畫組合時說出看到的圖案。			
	7. 能利用幾幅畫編個故事。			
	8. 能說出一個獨特性高的故事。			
目標通過小計／目標通過率：＿＿＿＿／＿＿＿＿				

活動名稱	目標	評量狀況		
		通過	未通過	未參加
玩彈珠	1. 能比較大彈珠與小彈珠在瓶中所製造的聲音不同。			
	2. 能比較彈珠的大、小。			
	3. 能握住彈珠。			
	4. 能將大拇指壓在彈珠下方（做打彈珠的姿勢）。			
	5. 能將彈珠彈出手中。			
	6. 能用手中的彈珠彈打另一顆彈珠。			
目標通過小計／目標通過率：＿＿＿＿／＿＿＿＿				

活動名稱	目標	評量狀況		
		通過	未通過	未參加
吹畫	1. 能回答顏料名稱。			
	2. 能專心聆聽與觀察老師示範。			
	3. 能用湯匙舀適當的顏料倒在圖畫紙上。			
	4. 能用吸管吹氣將顏料吹開。			
	5. 能吹出形狀，例如：直線。			
	6. 能利用水彩筆作畫。			
	7. 能協助收拾。			
	8. 能與其他幼兒分享作品。			
	目標通過小計／目標通過率：＿＿＿＿＿／＿＿＿＿			

活動名稱	目標	評量狀況		
		通過	未通過	未參加
泡泡畫	1. 能說出泡泡水是洗衣粉加水做成的。			
	2. 當老師把廣告顏料加入時，會主動說出紅、黃、綠、藍、橘。			
	3. 會把吸管在瓶中攪動使之產生泡泡。			
	4. 能把泡泡吹在圖畫紙上。			
	5. 會用手把泡泡碰破。			
	6. 能用色在三種以上。			
	7. 能使泡泡重疊作畫。			
	8. 能收拾分享。			
	目標通過小計／目標通過率：＿＿＿＿＿／＿＿＿＿			

活動名稱	目標	評量狀況		
		通過	未通過	未參加
我的家	1. 能觀察後說出材料名稱。			
	2. 能注意聽老師講解。			
	3. 能跟著老師的指令對摺。			
	4. 能自己完成房子。			
	5. 能使用膠水貼房子。			
	6. 能使用蠟筆完成構圖。			
	7. 能展示作品並說明所繪的內容。			
	8. 能安靜等待別人分享圖畫。			
	目標通過小計／目標通過率：＿＿＿＿／＿＿＿＿			

活動名稱	目標	評量狀況		
		通過	未通過	未參加
幫忙找回家的路	1. 能聆聽老師說故事。			
	2. 能剪紙條。			
	3. 能把紙條重疊或黏貼在一起。			
	4. 能把紙條黏貼成三度空間（做橋、樓梯、站起來等）。			
	5. 能把膠水塗在紙上。			
	6. 能將紙條黏起來。			
	7. 能將紙條塗上顏色。			
	8. 能描述做的東西。			
	9. 能將玩具小人由起點沿著路走到房子。			
	10. 能說出如何回到家。			
	11. 能收拾。			
	目標通過小計／目標通過率：＿＿＿＿／＿＿＿＿			

活動名稱	目標	評量狀況		
		通過	未通過	未參加
風箏	1. 能注意看老師示範。			
	2. 能沿著線剪。			
	3. 能用吸管貼好自己的骨架。			
	4. 能將棉線綁好。			
	5. 能貼上飄帶。			
	6. 能試飛。			
	7. 能說明風箏為什麼會飛。			
目標通過小計／目標通過率：＿＿＿＿＿／＿＿＿＿＿				

活動名稱	目標	評量狀況		
		通過	未通過	未參加
我的名片	1. 能說出名片。			
	2. 能安靜專心聆聽老師的介紹。			
	3. 能說出名片的功能（一種以上）。			
	4. 能為空白的名片紙做花邊設計，或貼上小貼紙。			
	5. 能將姓名印章蓋在名片紙空白處。			
	6. 能在名片紙上寫上電話。			
	7. 能與其他幼兒玩名片交換遊戲（問好→遞名片→說出自己的姓名、就讀學校）。			
目標通過小計／目標通過率：＿＿＿＿＿／＿＿＿＿＿				

活動名稱	目標	評量狀況		
		通過	未通過	未參加
紙影戲製作	1. 能在圖畫紙上畫紙影戲主角。			
	2. 能在圖畫紙上貼上紙影戲主角。			
	3. 能用剪刀剪下。			
	4. 能在某部位剪洞。			
	5. 能在洞口背後貼玻璃紙。			
	6. 能用膠帶在紙後固定竹筷。			
	7. 能用手電筒照射紙偶投影於牆壁上。			
	8. 能移動手電筒觀察及描述其變化（影子因手電筒從近照射、從遠照射而產生影子大小的變化）。			
	目標通過小計／目標通過率：＿＿＿＿／＿＿＿＿			

幼兒活動評量表（大班）

【社會及情緒領域】

活動名稱	目標	評量狀況		
		通過	未通過	未參加
辦PARTY	1. 能一起討論。			
	2. 能說出要舉辦什麼樣的聚會。			
	3. 能提出如何準備聚會的建議。			
	4. 能接納其他幼兒的想法。			
	目標通過小計／目標通過率：＿＿＿＿／＿＿＿＿			

幼兒活動評量表（大班）

【大動作領域】

活動名稱	目標	評量狀況		
		通過	未通過	未參加
神奇的布	1. 能聆聽老師說故事。			
	2. 能往上跳。			
	3. 能倒退著走線。			
	4. 能跳過一條繩子。			
	5. 能跳到門口。			
	6. 能說出神奇的布之功用。			
	目標通過小計／目標通過率：＿＿＿＿／＿＿＿＿			

幼兒活動評量表（大班）

【音樂領域】

活動名稱	目標	評量狀況		
		通過	未通過	未參加
心情音樂	1. 能聆聽老師的講解。			
	2. 能唱一首歌描述自己的心情。			
	3. 能說出自己的心情。			
	4. 能說出音樂中能否表達出自己的感覺。			
	5. 能分辨音樂是快樂的還是傷心的。			
	目標通過小計／目標通過率：＿＿＿＿／＿＿＿＿			

活動名稱	目標	評量狀況		
		通過	未通過	未參加
上或下	1. 能分辨高低音。			
	2. 能跟著樂器聲音高低做動作。			
	3. 能用鉛筆的筆尖和鉛筆的頂端敲出聲音。			
	4. 能說出敲鉛筆的筆尖和敲鉛筆的頂端出來的聲音哪一個高。			
	5. 能說出敲出來的聲音，哪些聲音聽起來較好聽。			
	6. 能知道高音及低音都可以製造出音樂。			
	目標通過小計／目標通過率：＿＿＿＿／＿＿＿＿			

活動名稱	目標	評量狀況		
		通過	未通過	未參加
我會打拍子	1. 能聆聽節奏而且打出拍子。			
	2. 能按自己要講的句子打拍子。			
	3. 能跟著鼓的節奏移動。			
	4. 能分辨出音樂 CD 中的節奏是一直不變還是變來變去。			
	5. 能說出共有幾種節奏，節奏是快還是慢。			
	6. 能自創節奏。			
	目標通過小計／目標通過率：＿＿＿＿／＿＿＿＿			

活動名稱	目標	評量狀況		
		通過	未通過	未參加
躲迷藏	1. 能獨自彈奏樂器。			
	2. 能分辨聲音的方向。			
	3. 能描述聽到的聲音。			
	4. 能聯想到其他的事。			
	5. 能說出樂器的聲音是否不一樣。			
	目標通過小計／目標通過率：＿＿＿＿／＿＿＿＿			

活動名稱	目標	評量狀況		
		通過	未通過	未參加
你唱什麼	1. 能用同一種調子唱出問題的答案。			
	2. 能跟著老師唱：「小朋友，你在哪裡？」			
	3. 能在其他幼兒面前獨唱。			
	4. 能猜出其他幼兒唱的歌。			
	5. 能說出聽到的曲子是悲傷還是快樂。			
	6. 能判斷哪一個人表演的最好。			
	目標通過小計／目標通過率：＿＿＿＿／＿＿＿＿			

活動名稱	目標	評量狀況		
		通過	未通過	未參加
音符遊戲	1. 能說出五線譜上有五條線。			
	2. 能說出高音譜在哪裡。			
	3. 能分辨哪一個音節是上行，哪一個是下行音節。			
	4. 能一邊用手勢表示上或下，一邊唱出。			
	5. 能在五線譜上找出較高或較低的音符。			
	6. 能指出樂曲中的特殊符號 f 或 p。			
	目標通過小計／目標通過率：_____／_____			

活動名稱	目標	評量狀況		
		通過	未通過	未參加
讓我們來做一首曲子吧	1. 能想出讓曲子好聽的方法。			
	2. 能跟著老師唱歌。			
	3. 能說出改變大小聲的曲子和原來的不同。			
	4. 能將大小聲卡片放在兒歌中並表現出來（例如：唱大聲或唱小聲）。			
	目標通過小計／目標通過率：_____／_____			

活動名稱	目標	評量狀況		
		通過	未通過	未參加
鼓樂	1. 能跟著鼓聲的節奏拍手。			
	2. 能跟著鼓聲的節奏前進。			
	3. 能自己用鼓創造一個節奏，並表演之。			
	4. 能說出馬在奔跑時，樂曲應會變得很快還是很慢。			
	5. 能根據情境的不同，用鼓拍打出不同節奏或以拍手來表現。			
	6. 能說出當烏龜在走路時，和青蛙在跳躍時，應是用快還是慢的節奏來表現。			
	目標通過小計／目標通過率：_____／_____			

活動名稱	目標	評量狀況		
		通過	未通過	未參加
美妙的音樂	1. 能彈奏三種樂器。			
	2. 能說出是喜歡重重的敲，還是輕輕的敲。			
	3. 能描述最喜歡哪一種樂器的聲音。			
	4. 能說出彈奏的是哪三種樂器。			
	5. 能用五種樂器製造出不同的組合。			
	6. 能指出每個人表現的方式有何不同。			
	目標通過小計／目標通過率：＿＿＿＿／＿＿＿＿			

活動名稱	目標	評量狀況		
		通過	未通過	未參加
歌劇	1. 能聆聽老師說故事。			
	2. 能說出故事中有哪些角色。			
	3. 能分辨音樂中的情緒，例如：雀躍、狂喜、悲傷、憤怒。			
	4. 能找出自己扮演角色唱的歌。			
	5. 能跟著 DVD 唱角色唱的歌。			
	6. 能回答用歌劇的方式表達印象比較深刻。			
	7. 能回答哪一種容易被記得。別人是否知道你扮演的角色。			
	8. 能回答要不要再改進。			
	9. 能回答一人獨唱或演戲時，是不是會較好。			
	目標通過小計／目標通過率：＿＿＿＿／＿＿＿＿			

　　根據上述八個領域活動學習評量的結果，可以知道幼兒在哪幾個領域表現得較好，哪幾個領域表現得較差，表現較好的領域可以再充實，表現較差的領域就需要加強。教師或家長可從四個方面來幫助幼兒發展其潛能：

1. 環境方面：著重在教室的改變，包含：如何設置角落、改變作息，或者加一個布告欄等點子。

2. 課程方面：著重在已經上過的活動或者其他教師想到的活動。教師可以修改活動，改變呈現的方式，例如：用PPT的方式來介紹活動，也可以改變活動的難易度，或是安排延伸的活動，或是改變使用的材料。

3. 活動安排：著重在如何充實教師的活動內容，例如：在介紹人類生長史時，可以安排一些專家來談他們小時候的經驗；在介紹交通號誌符號時，可以安排幼兒實地到街道上觀察交通號誌符號。

4. 教師的專業能力：著重在教師培養這些領域的專業知識與興趣，例如：閱讀活動設計的書、尋找適合的教具，或是參觀教學等。

　　以下以加強精細動作能力為例，透過活動教學方案從四個方面來增進幼兒的精細動作能力，使幼兒的精細動作才能發展到極限。

活動教學方案範例

日期：○○年○○月○○日

幼兒姓名：○○○

教師姓名：○○○

需要加強的領域：精細動作

需要加強的技巧：獨創性

預定計畫
一、環境方面 　1. 布置精細角，準備充分的材料供幼兒使用。 　2. 把幼兒作品貼在布告欄上。 　3. 在角落角擺放能增進手部功能的玩具讓幼兒操作。
二、課程方面 　1. 在進行精細動作活動前，為幼兒講解活動的步驟及展示要做的成品，例如：花環，並且提醒幼兒該注意的地方，例如：顏色搭配、大小比例等。 　2. 多給幼兒嘗試的機會，並且幫助其想一些與眾不同的點子。 　3. 在活動結束後，花個 5 分鐘和幼兒談談完成的作品，或是為作品取個名字、加個標題。
三、活動安排 　1. 觀摩別的幼兒之作品。 　2. 帶一些日常生活中常看到的作品，例如：手工藝品、花環、兒童圖畫、特殊設計的運動衫、蠟染的布等。 　3. 將作品拍成相片，讓幼兒認識作品的特色。 　4. 提供一些和作品有關的書或是作品集。 　5. 請教師或其他幼兒現身說法或示範表演。
四、教師的專業能力 　1. 多閱讀有關精細動作領域的書。 　2. 平時多練習畫圖或其他勞作。

❀ 陸、期末評量報告 ❀ (大班)

　　期末評量報告是教師根據幼兒在每一個領域的表現情況做較完整的綜合報告，其目的是在提供教師及家長了解孩子在各領域學習的情形，以做為教學的參考。在這份期末評量報告中，首先是每一個領域的活動學習目標之整體通過情形，接著則是幼兒在各領域活動學習的情形及教師給孩子的建議：第一欄是領域名稱，第二欄是該項領域的四項技巧，第三欄是技巧精熟度，第四欄是教導每一項技巧的主要活動內容，第五欄是學習情形，包含幼兒的特殊表現，例如：其想到的特殊點子及興趣等。

期末評量報告

日期：＿＿年＿＿月＿＿日

幼兒姓名：＿＿＿＿＿＿＿

教師姓名：＿＿＿＿＿＿＿

幼兒在八大領域的通過率如下：

領域名稱	認知	科學	數學	語文	精細動作	社會及情緒	大動作	音樂
學習目標總數量	187	139	143	116	129	4	6	59
通過總數量								
通過率								

註：通過率＝通過總數量除學習目標總數量。

幼兒需要充實的領域（通過率最高的兩項）：

1.＿＿＿＿＿＿　2.＿＿＿＿＿＿

幼兒需要加強的領域（通過率最低的兩項）：

1.＿＿＿＿＿＿　2.＿＿＿＿＿＿

以下為幼兒在各領域的技巧精熟度：

（評分標準：1 ＝不會做，2 ＝有些困難，3 ＝勝任，4 ＝做得很好）

領域	技巧	技巧精熟度	活動內容	學習情形
認知	問題解決：能夠找出問題解決的方式，從眾多答案中找出最好的一個。		・經由腦力激盪或是獨立作業尋求可能的解答。	
	記憶能力：記得資料的能力，發展良好的搜尋系統。		・記憶遊戲。 ・提供有助於記憶的線索。	
	了解事物的關係：能察覺出物體及事物的差異及共同性，並能做比較和分辨。		・分類遊戲，從簡單到複雜的分類。 ・經由討論及操作，了解物體及事物的差異及共同性。 ・歸類或重組圖形。	
	溝通能力：具有能把一些想法連貫及解釋的能力，且能用較清晰及有趣的方法來表示。		・讓幼兒學習如何對其他幼兒解釋遊戲的規則。 ・讓幼兒說出事情如何發生及如何做抉擇。 ・提供討論的機會。	
科學	觀察：能看出及說出物品或事件的屬性及其間的異同或變化。		・觀察和討論物品之間的差異和改變。 ・鼓勵幼兒提出和回答問題。	
	解決問題：能藉著觀察，運用不同的策略（例如：刪除、對照和比較的方式）提出問題、回答問題、找出答案。		・鼓勵幼兒對實驗的結果做預測並將物品分類。 ・給幼兒思考問題和解決問題的機會。	
	組織：能配對、分類、組合及依序排列物品或事件。		・製作簡單的圖表記錄幼兒所觀察到的事物。 ・讓幼兒用自己的方法去組織和呈現物品或資訊。	
	記憶：能回憶與科學有關的資訊，對於新的資訊具有求知慾和記憶能力。		・回憶過去的實驗和經驗。 ・提出問題來刺激幼兒的記憶。 ・讓幼兒向他人說明與科學有關的想法。	

領域	技巧	技巧精熟度	活動內容	學習情形
數學	認識數字：能有意義的運用數字，了解口述或文字符號所描述的數量和形狀，具有基本的算術能力。		・練習辨認數字。 ・數出物品的數量，並用正確的數字來表示之。 ・練習辨認各種形狀。	
	了解關聯性：能辨認並複製不同模式，能藉著比較、分類和排列順序而了解幼兒是否有數字概念、是否具備抽象和具體運算的能力。		・讓幼兒練習依序排列數字。 ・讓幼兒比較、辨認和分類不同的物品。 ・讓幼兒用心算的方式練習加減。	
	抽象概念：能分辨和了解問題中所隱含的概念。		・先說明某一問題中所隱含的概念，然後要求幼兒對於其他類似的問題說出所包含的概念。	
	運用數學：能運用已知的方法去解決新的問題，遇到新的狀況時，知道該運用何種概念去解決。		・將數字的概念延伸到每天的日常生活中。 ・給幼兒機會去設計相關的延伸活動。	
語文	聽能：能分辨聲音的不同。		・提供幼兒注意聽的機會，並學習如何回應。 ・給幼兒練習注音符號及注音符號拼音。 ・給幼兒練習押韻的機會。	
	理解：能了解別人說話的意思及文章詞句的意義。		・通過聽故事、閱讀及符號認識。	
	表達：能有效的使用文字傳達自己的意思。		・鼓勵幼兒用有趣的方式來表達他們的想法及感覺。 ・給幼兒在不同情境用文字表達的機會。 ・鼓勵幼兒多多地表達，不要在乎文字的修飾。	
	辨認：能分辨字型或圖形的不同。		・提供配對及分類的活動，讓幼兒能分辨顏色、形狀、符號及文字的相同及不同。	

領域	技巧	技巧精熟度	活動內容	學習情形
精細動作	視覺敏感度：能注意及分辨不同顏色、材質、大小及設計。		・培養幼兒觀察細節的能力。 ・提供一些情境幫助幼兒能注意到細節。	
	欣賞：能欣賞及評估藝術作品。		・培養自我批判的能力，先從自己的作品開始。 ・創作能表達出自己情緒的作品。	
	技巧：有技巧的使用工具及材料。		・讓幼兒使用不同的材料。 ・用不同的材料來創作。	
	獨創性：能做出特別及不平常的作品。		・用材料創造出不同的作品。 ・教幼兒如何使他們的作品較具創意。	
社會及情緒	自信：對自己評價高，並對自己的優點和缺點都很了解。		・幫助幼兒正視他人的批評或建議。 ・在大家面前表演。 ・給予幼兒口頭表達的機會。	
	組織能力：能完成既定的計畫，並且投入其中。		・鼓勵幼兒自行完成一件作品，並獨立解決創作過程中遭遇的困難。 ・讓幼兒學習計畫、介紹及說明。	
	敏感度：對他人（如其他幼兒、成人、動物等）表現出照顧和關懷的態度。		・幫幼兒了解情緒。 ・提供幼兒表達關心的機會。	
	說服力：能影響他人，能吸引他人的興趣及參與。		・提供團體情境，讓幼兒學會如何在團體中傾聽及如何與他人合作。	
大動作	協調性：在進行各種體能活動時，具平衡感、節奏感，以及控制的能力；在大肌肉的活動上，對於規則性或移動性的目標，其手臂與腳的動作能配合的很好。		・模仿各種不同的動作。 ・以不同的方式運用身體各部位，在操弄小物品時，能展現平衡性。 ・鼓勵幼兒進行較困難而複雜的活動。 ・丟、接、踢以及擊打目標物。	

領域	技巧	技巧精熟度	活動內容	學習情形
大動作	堅持度：具備充分的體力和耐力去做各種不同的活動，並且能持續不同的時間長度。		• 鼓勵幼兒先練習一項體能技巧。 • 逐漸增加活動的難度和時間長度。	
	富於表現：在做各種動作時，有很豐富的想像力和創造力。		• 鼓勵幼兒以不同而獨特的方式移動身體。 • 讓幼兒有機會觀看他人如何有創意的進行活動。	
	敏捷：在進行體能活動時，動作輕快靈活，有彈性。		• 鼓勵幼兒培養平衡感，以及能流暢的做各種動作。	
音樂	傾聽：能察覺到音樂及環境中的聲音，並且能指出其特色。		• 培養幼兒對聲音的敏感度。 • 讓幼兒了解音樂的動感、音調及節奏。	
	表演：能唱出、拍出、哼出或彈出樂曲。		• 提供幼兒表演的機會。 • 鼓勵幼兒玩各種樂器。	
	音樂鑑賞：能辨認、欣賞及評估不同型態的音樂。		• 提供幼兒各種音樂 CD，讓他們討論樂曲間的異同。	
	獨創性：能創作及欣賞不同的或不尋常的音樂。		• 提供幼兒各種樂器或用自製樂器來作曲。 • 鼓勵幼兒自製樂器，並學會如何用樂器來表達自己的情感。	
跨領域創造力	流暢性：具有能想出比別人更多點子的能力。		• 鼓勵幼兒想不同的方法來解決問題。 • 使用腦力激盪的方法。	
	獨創性：能想出一些與眾不同的點子，且能運用想像力來應付現象及假想的情境。		• 鼓勵幼兒用擴散思考的方法來想問題。 • 給幼兒機會及嘗試新想法的機會。 • 提供幼兒扮演、想像及產生新想法的機會。	

領域	技巧	技巧精熟度	活動內容	學習情形
跨領域創造力	精密性：能用文字、動作、藝術或音樂把一個想法表達的非常精細。		・當幼兒有一些想法時，鼓勵他們說出細節。 ・幫幼兒用各種方法來表達他們的想法。	
	彈性：能用不同方式或不同的角度來想問題。		・讓幼兒扮演動物、人物或物體角色。 ・鼓勵幼兒在同樣的問題或情境時能想到不同的答案。	

其他建議：

❀ 附錄 ❀

附錄一　培奇全納幼兒園小組課程實施調查問卷

問題一：你對曾經進行過的哪個活動印象最深，為什麼？

1. 「最美麗的紙」：操作材料充分，自主探索性強，師生互動多，操作性強，幼兒很感興趣。

2. 「吹泡泡」：趣味性強，幼兒很感興趣。

3. 「星星、月亮、太陽」：幼兒參與度高，積極性強，師生互動多。

4. 「隱形墨水」：材料豐富，幼兒興趣高，喜歡探索，幼兒參與度高。

5. 「符號遊戲」：貼近幼兒生活經驗的操作材料，圖片蒐集方便，幼兒積極性高。

6. 「交通標誌」：材料準備簡單，幼兒積極性高，興趣濃烈，師生互動多。

7. 「筷子斷了嗎」：幼兒參與度與積極性很高，專注力高，探索性很強。

8. 「地板踩一踩」：室內室外結合，生動有趣，從中獲取生活經驗，生動有趣。

9. 「番茄毛毛蟲」：操作性強，很有童趣，幼兒參與度很高，探索性強。

10. 「植物的生長」：孩子參與度比較高，積極性強，師生互動很多。

11. 「小蜜蜂」：幼兒感興趣，動手操作性很強，觀察力有所提升，積極性高。

12. 「圖案序列」：材料豐富，動手操作性很強，幼兒會自己探索。

13. 「橡皮筋彈一彈」：生活材料多，幼兒會主動探索。

14. 「放大鏡」：幼兒興趣高，積極性高，探索性強。

15. 「石頭、水、空氣」：積極性高，對活動的探索有自己的想法。

16. 「蛋的比較」：幼兒積極性強，樂於參與，參與度很高。

問題二：你對哪個領域的活動最得心應手？原因是什麼？

1. 科學：材料容易準備，幼兒探索性強、興趣高，操作性強，幼兒求知慾強。

2. 語言：能暢所欲言，積極性高，內容豐富，幼兒參與度高。

3. 精細動作：材料容易準備，積極動手能力強，孩子操作機會多，專注時間長。

4. 認知：教案比較熟悉，自己更有把握，材料好準備，幼兒感興趣。

問題三：上課前你會遇到什麼樣的問題？

1. 對教案理解不夠，幼兒相互干擾，難把握細節。

2. 材料難蒐集，做不到人手一份。

3. 時間分配不均勻，活動無法有效完成。

4. 部分材料不能讓幼兒直接操作，存在安全隱患，比如使用打火機。

5. 有些臺灣的材料名稱不知道是什麼。

6. 有的材料不能原樣準備。

7. 有些材料無法準備到位，例如：投影機、電子書、網路影片。

問題四：上課中你發現有什麼問題？

1. 操作材料多的時候，感覺空間擁擠。

2. 部分目標太難，無法達成。

3. 不能兼顧到每一個孩子，單一材料難以提起孩子的興趣，個別活動孩子不感興趣。

4. 注意力不集中。

5. 上課過程中有些突發情況無法及時處理，會影響下一個活動的開展。

6. 上課時間緊張，有些程序執行效果不佳，評量存在主觀性。

問題五：上完課後你會遇見什麼問題？

1. 家長對課程活動的實施與評量不了解，溝通無效。

2. 老師不了解評量表的正確用法，目標難定位。

3. 時間緊張、溝通次數受局限。

4. 評量帶有主觀性。

5. 與課堂表現不相符時，家長溝通時找不到具體的點。

6. 評量方面做的不好，與家長溝通較少。

問題六：培奇全納幼兒園在吳淑美教授的親自指導下執行了小組活動，你覺得有什麼變化？

1. 老師觀察幼兒的次數更多，讓幼兒有更多操作的機會。

2. 幼兒更容易理解指令，自己上課更輕鬆了。

3. 幼兒都有了自己可以完成的目標。

4. 對孩子的引導到位，能注意到個體差異。

5. 材料新鮮，幼兒喜歡參與。

6. 孩子的動手能力、語言表達能力明顯增強。

7. 家長高度認可，同時也會分享自己的經驗。

8. 堅持送幼兒入園，不缺席。

9. 和家長溝通起來比較輕鬆，自己專業度有所提升，幼兒有進步。

10. 家長更願意與老師溝通孩子的情況。

附錄二 培奇全納幼兒園小組活動評量表

_____學年_____學期_____班

評量說明：1表示通過，0表示未通過，△表示未參加活動。

領域	活動名稱	目標	學號 1	2	3	4	5	6	7	8	9	10
科學	空氣的實驗	1. 能用塑膠袋裝空氣入袋內。										
		2. 能拍拍塑膠袋鼓起的部分，說出是空氣在裡面的緣故。										
		3. 能用眼睛觀察出空氣是無色的。										
		4. 能將塑膠袋口插入吸管，並擠壓塑膠袋內的水氣於杯內。										
		5. 能說出空氣進入水中，會有泡泡產生。										
		6. 能仔細觀察蠟燭燃燒（在開放空間）及蓋上透明玻璃杯後，一下子就熄滅了。										
		7. 能用杯子將蠟燭熄滅。										
		8. 知道蠟燭燃燒需要空氣。										
		9. 能用打氣筒自己打氣將氣球灌滿氣體。										
		10. 知道氣球內因有空氣使其服大。										

領域	科學											
活動名稱	目標	學號										
		1	2	3	4	5	6	7	8	9	10
酸與鹼	1. 對活動感興趣。										
	2. 能說出材料的名稱。										
	3. 能說出汁的顏色。										
	4. 會操作滴管。										
	5. 能將滴管滴入：白醋／蘇打粉水／白開水。										
	6. 能觀察實驗。										
	7. 能逐一操作實驗。										
	8. 能說出實驗前後的試管內顏色變化。										
	目標通過小計／目標通過比率										
蠟燭與空氣	1. 能聆聽老師的說明。										
	2. 能觀察火焰燃燒的情形。										
	3. 能注意安全。										
	4. 能將燒杯蓋住燃燒的蠟燭。										
	5. 能觀察蓋住燒杯後的火焰燃燒情形。										
	6. 能比較並說出實驗前後的不同：蓋杯→火熄滅；不蓋杯→火燃燒。										
	7. 能說出還有什麼可以熄滅火的方法。										
	8. 能說出空氣與人們生活的關係。										
	目標通過小計／目標通過比率										

（表格頂端）目標通過小計／目標通過比率

註：本表僅呈現學號1～學號10的表格。

附錄三　培奇全納幼兒園小組活動（領域學習）目標及評量之目標通過率

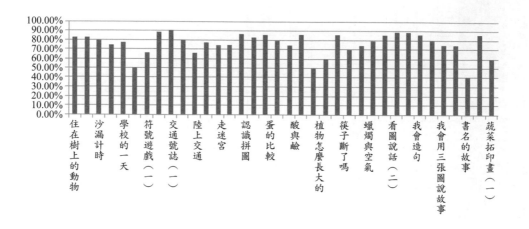

筆記欄

國家圖書館出版品預行編目（CIP）資料

幼兒園大班教學活動課程設計：配合新課綱設計的
120 個活動 / 吳淑美著. --初版.—
新北市：心理，2016.10
　　面；　公分.--（幼兒教育系列；51188）
　　ISBN 978-986-191-743-6（平裝）

1. 學前教育　　2. 學前課程　　3. 教學活動設計

523.23　　　　　　　　　　　　　　　105109524

幼兒教育系列 51188

幼兒園大班教學活動課程設計：
配合新課綱設計的 120 個活動

作　　者：吳淑美
責任編輯：郭佳玲
總 編 輯：林敬堯
發 行 人：洪有義
出 版 者：心理出版社股份有限公司
地　　址：231 新北市新店區光明街 288 號 7 樓
電　　話：(02) 29150566
傳　　真：(02) 29152928
郵撥帳號：19293172　心理出版社股份有限公司
網　　址：http://www.psy.com.tw
電子信箱：psychoco@ms15.hinet.net
排 版 者：辰皓國際出版製作有限公司
印 刷 者：辰皓國際出版製作有限公司
初版一刷：2016 年 10 月
初版三刷：2020 年 11 月
I S B N：978-986-191-743-6
定　　價：新台幣 350 元